T0290177

LAS GRANDES MENTES *NO* PIENSAN IGUAL

BLUME

Título original *Great Minds Don't Think Alike*

Dirección editorial Helen Rochester, Frank Gallaugher, Rachel Silverlight
Edición Zara Anvari, Stephanie Hetherington
Dirección artística Julie Weir
Diseño e ilustraciones Modern Activity
Traducción Carolina Bastida Serra
Coordinación de la edición en lengua española Cristina Rodríguez Fischer

Primera edición en lengua española 2019

© 2019 Naturart, S.A. Editado por BLUME
Carrer de les Alberes, 52, 2°, Vallvidrera
08017 Barcelona
Tel. 93 205 40 00 e-mail: info@blume.net
© 2019 Octopus Publishing Group, Londres
© 2019 de la imagen de Tracey Emir, página 106, Sarah Wilson

ISBN: 978-84-17492-54-0

Impreso en China

WWW. BLUME.NET

LAS GRANDES MENTES *NO* PIENSAN IGUAL

*Descubra la metodología
y la locura de
56 genios creativos*

BLUME

EMILY GOSLING

La inspiración existe, pero tiene que encontrarte trabajando.

— Pablo Picasso

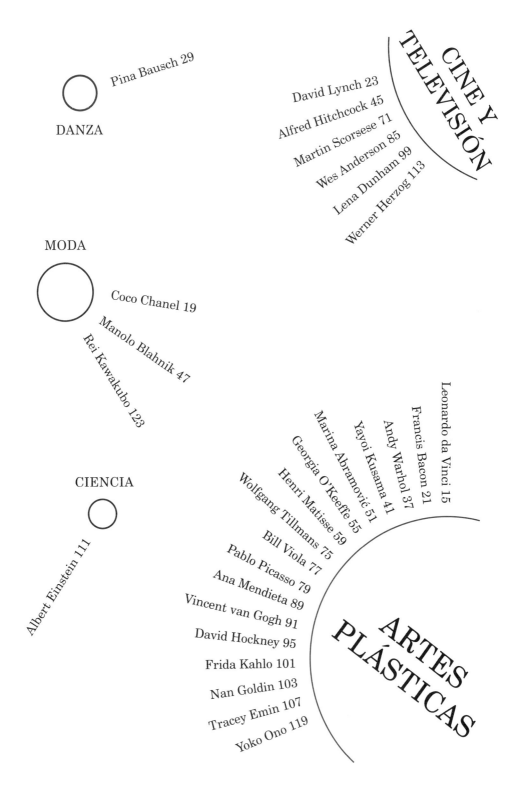

DANZA

Pina Bausch 29

CINE Y TELEVISIÓN

David Lynch 23
Alfred Hitchcock 45
Martin Scorsese 71
Wes Anderson 85
Lena Dunham 99
Werner Herzog 113

MODA

Coco Chanel 19
Manolo Blahnik 47
Rei Kawakubo 123

CIENCIA

Albert Einstein 111

ARTES PLÁSTICAS

Leonardo da Vinci 15
Francis Bacon 21
Andy Warhol 37
Yayoi Kusama 41
Marina Abramović 51
Georgia O'Keeffe 55
Henri Matisse 59
Wolfgang Tillmans 75
Bill Viola 77
Pablo Picasso 79
Ana Mendieta 89
Vincent van Gogh 91
David Hockney 95
Frida Kahlo 101
Nan Goldin 103
Tracey Emin 107
Yoko Ono 119

Introducción

El hábito de tomar cincuenta tazas de café al día, escribir un diario de manera obsesiva, caminar distancias obscenas, organizar objetos encontrados en zonas desérticas, el cuerpo como lienzo: como sugieren estos ejemplos, el libro que tiene en sus manos presenta el proceso creativo como algo muy diverso; algo metódico pero salpicado de destellos de locura. Es extraño escribir sobre los métodos de otras personas, ya que resulta inevitable cuestionarse a uno mismo: «¿Lo estoy haciendo bien? ¿Trabajaría mejor si, por ejemplo, desarrollara una rutina de ejercicio estricto como Leonardo da Vinci? Si me sumergiera en la naturaleza como Björk, ¿se desbloquearía mi creatividad? ¿O quizá tan solo debería darme por vencido, ya que, a diferencia de David Lynch, no soy capaz de meditar correctamente, y mucho menos de manera trascendental?».

Sin embargo, lo que convirtió el trabajo de componer este libro en un auténtico placer fue la confirmación de que en realidad no existe el bien o el mal en el proceso creativo. Del mismo modo que cada uno de estos cincuenta y seis genios y su obra son completamente individuales, también lo son las formas en las que las crean. Espero que al leer estas páginas, del mismo modo que me sucedió a mí al escribirlas, se anime a reflexionar sobre sus propias peculiaridades y pequeños vicios metodológicos. Este tipo de reflexión puede arrojar nueva luz sobre su trabajo y su funcionamiento, que le ayudará a aprovechar al máximo las cosas que le van bien. Al mismo tiempo, la gran variedad de enfoques que se presentan puede inspirarle a abordar la creatividad de formas que nunca habría pensado que fueran posibles.

Sin embargo, aunque no hay dos métodos idénticos, pronto me resultó evidente que existen patrones en la forma en que algunos de estos artistas abordan su proceso. La capacidad de aprovechar su subconsciente es uno de dichos patrones, como en el caso de Patti Smith y Bob Dylan. A veces implica inspirarse en las personas que los rodean, como Lou Reed y Nan Goldin. Y en otras ocasiones la clave es el trabajo duro y la dedicación, como revelan los ejemplos de Martin Scorsese y Stephen King. Hay innumerables caminos hacia la creatividad, y no existe una frontera precisa entre ellos. La creatividad es fluida y completamente individual.

Estas páginas están pensadas no solo como una exploración de algunas de las mentes creativas más brillantes de la actualidad y de la historia, sino también como cinceles con los que eliminar el bloqueo creativo. Tal vez pueda hacer como Bowie y abrazar la aleatoriedad y el azar: hojee las páginas y tome nota de lo que encuentre, y pruébelo; incluso si la persona que se describe no le interesa mucho, tal vez le resulte inspirador.

Es posible que algunos usuarios de este libro ya conozcan bien su propia forma de trabajar: ¿es usted un organizador fanático, o quizá está más en sintonía con el lado místico de la creatividad? Si sabe que tiene poca paciencia con las musas, la trascendencia y cosas por el estilo, fíjese en aquellos que favorecen las reglas y el control; tal vez sea un Manolo Blahnik o un Alfred Hitchcock, con el control total de cada aspecto de su oficio. ¿Encuentra la inspiración creativa en el caos? Entonces se parece a Francis Bacon, así que inspírese en su ejemplo anárquico. Si prefiere trabajar con el destello de los misterios esotéricos y cabalísticos en el horizonte, o mantenerse atento a los patrones sagrados y ancestrales del universo, debe saber que Ana Mendieta y Yayoi Kusama comparten su sensibilidad. Como implora Toni Morrison: tómese el tiempo necesario para comprender las interioridades de su propio proceso y, cuando lo haga, «abrirá las puertas» a su propia imaginación.

A pesar de mis propios viajes a las mentes de estos héroes y heroínas creativos, me llevó semanas de pánico, procrastinación y contemplación de páginas en blanco incluso escribir esta sencilla introducción, hasta que de repente brotó, garabateada con un bolígrafo de toda la vida en un cuaderno, mientras estaba en la cama en una aburrida colonia de vacaciones inglesa. Como innumerables pensadores han revelado a lo largo de la historia, la inspiración puede aparecer en cualquier momento, en cualquier lugar, y por razones extrañas y maravillosamente insondables. Al igual que Agatha Christie y Bill Viola, para mí los cuadernos son las herramientas más útiles para captar estos escurridizos destellos: escribí el primer borrador de estas líneas en uno de los tres cuadernos que llevo a todas partes: pueden parecer muchos, pero se sabe que Christie llevaba hasta media docena encima en todo momento.

Aunque todo esto pueda parecer una defensa de la legitimidad de ese viejo tópico del momento eureka, que llega mientras uno se está cepillando los dientes, en el autobús o en el baño, otra cosa en la que muchos artistas y pensadores están de acuerdo es que sí, el concepto de la «musa» metafísica es muy bonito, pero no podemos quedarnos sentados de brazos cruzados y esperar a que se pose sobre nuestro hombro. «Para saber lo que vas a dibujar, hay que empezar a dibujar», como dijo Picasso. También Nick Cave reconoce que el proceso artístico, a menudo mitificado, no es más que «trabajo duro». Es probable que el trabajo preparatorio y la práctica resulten en ocasiones aburridos. Tendremos que soportar la horrible visión de una papelera rebosante de hojas de papel furiosamente arrugadas; reutilizaremos los lienzos una y otra vez; las cuerdas de la guitarra se romperán y los dedos sangrarán. Pero, por el camino, está bien cometer errores; de hecho, la filosofía de Christoph Niemann se basa en esta idea. En ocasiones, las mejores cosas llegan de los desvíos y las equivocaciones. Y está bien progresar poco a poco; deje que Joseph Heller lo tranquilice sobre este aspecto.

Espero que este libro pueda demostrar que, aunque las grandes obras de arte son portadoras de misterios, el proceso creativo no debería ser algo tan insondable y mitificado. Es polifacético, y es evidente que fascinante, pero a menudo también puede ser muy banal. Estas grandes mentes son en muchos aspectos como la suya o la mía; es una combinación de duro trabajo, talento e individualidad tenaz lo que hace que estos artistas destaquen como los visionarios que son. Aprender más sobre estas personas y sus ideas —a menudo extrañas y maravillosas— sobre cómo abordar la creatividad contribuirá, espero, a poner nuevos métodos sobre su mesa figurativa (o literal), al mismo tiempo que a inspirarlo a abrazar la magia de su propio proceso.

Björk

Björk suele hacer referencia al amor por la naturaleza que ha sentido toda la vida, y siempre ha utilizado los paseos como un trampolín para escribir letras. Ya de niña, mientras realizaba el trayecto de cuarenta minutos hasta la escuela, cantaba y componía canciones: «Mientras bajaba por la colina, creaba la estrofa, y cuando subía, se me ocurría el estribillo. [...] Mi acompañamiento era la naturaleza».

Hoy, la cantante sigue usando unos métodos parecidos, y emplea el paisaje rural como un lienzo sobre el que transpone melodías y palabras. Le encanta ir de excursión, en especial por su Islandia natal:

El ritmo de los pasos tiene algo especial; después de más o menos una hora y media andando, la mente y el cuerpo se sincronizan de un modo inevitable. He compuesto la mayoría de mis melodías caminando y creo que es indudablemente una de las formas más útiles de unir todos los aspectos distintos de la vida y ver la imagen completa. Debo decir que andar por las ciudades no me funciona. Tiene que ser un entorno rural.

Cuando no puede huir de la ciudad, Björk recurre a las playas y los puertos como los espacios más cercanos a su mundo natural. Sin embargo, no es solo la inspiración lo que encuentra cuando está al aire libre; los entornos no urbanos también son ideales para perfeccionar su característica voz. Considera que la humedad de los climas de selva tropical, así como el clima de Islandia, son muy beneficiosos para el sonido de su voz.

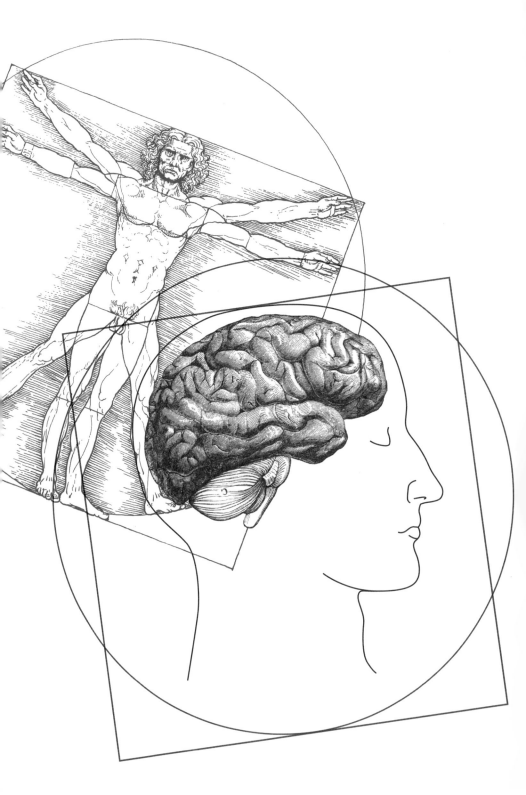

Leonardo da Vinci

Entre los principios del hombre del Renacimiento por excelencia, Leonardo da Vinci, se encontraba la *connessione*, es decir, la «conexión». Leonardo consideraba que reconocer y apreciar la interconexión de «todas las cosas y fenómenos» era esencial para entender el mundo y crear dentro de él.

Aplicó esta teoría no solo a grandes ideas —vinculando números y patrones con el arte y la naturaleza—, sino también al individuo: creía que el cerebro y el cuerpo debían concebirse y cultivarse como una sola unidad, y que ninguno de los dos podía prosperar si el conjunto no era saludable.

Esto implicaba que, además de ser erudito, pintar la *Mona Lisa* y *La Última Cena*, dibujar al Hombre de Vitruvio e inventar los precedentes del paracaídas y el helicóptero, Leonardo también fuera un gran atleta. La práctica de la esgrima, la equitación y el atletismo no solo lo mantenían en forma, sino que, como el ejercicio aeróbico mejora la circulación sanguínea, es probable que su cerebro también fuera capaz de procesar mejor el oxígeno necesario para conseguir un rendimiento máximo.

Por otro lado, las invenciones creativas y tecnológicas de Leonardo nacieron de la misma disciplina férrea que exige la actividad física. Este principio, al que Leonardo denominó *corporalità*, subrayaba la importancia de equilibrar cuerpo y mente, y de cultivar al mismo tiempo la aptitud y la destreza de ambos.

Nick Cave

Ojalá el proceso creativo fuera tan sencillo como lo describe Nick Cave en la concisa declaración que abre su cuasi-documental *20.000 días en la tierra*: «Me despierto. Escribo. Como. Escribo. Veo la televisión». Su método tiene algo de esa fórmula ordinaria, mezclada con un poco de mística gótica perfeccionada.

Para Cave, cualquier cosa puede ser un camino para las ideas. Al poco tiempo de llegar a Gran Bretaña desde su Australia natal, una herramienta que utilizó para fomentar un estado mental creativo fueron sus «diarios meteorológicos». Esos cuadernos consistían sobre todo en registros poéticos del cambiante (y en gran parte desagradable) clima británico, pero las reflexiones de Cave fueron más allá. Construyó metáforas y catalizadores para realizar contemplaciones más amplias sobre la vida, la muerte y todo lo demás, que se convertirían en la savia de su escritura.

Cave suele convertir situaciones aparentemente no creativas en lugares adecuados para la generación de ideas: su libro del año 2013, *The Sick Bag Song*, empezó con la recopilación de ideas, observaciones y recuerdos sobre las bolsas para el mareo de los aviones durante un viaje por Estados Unidos (sí, lo ha leído bien). Al mismo tiempo, reconoce que el proceso artístico, a menudo mitificado, no es más que «trabajo duro». Incluso cuando piensas que no tienes nada, hay que empezar a escribir en lugar de esperar a que llegue la inspiración: «Es un estado que se perpetúa». La clave, afirma, es estar preparado antes de sentarse a escribir: hay que tener todas las ideas dispares en su lugar, ya sea en cuadernos, diarios, bolsas para el mareo o simplemente en la mente. Lo más importante es asegurarse de ejercitar una y otra vez los poderes imaginativos de la mente. Luego, cuando se encuentre en la fase de escritura (para la cual Cave prefiere una máquina de escribir), las palabras deben aparecer con libertad. «Puedes escribir en cualquier sitio si tu imaginación está en buena forma —dice—. Pero hay que ejercitarla».

Sencillo

Constrictivo

Cómodo

Engorroso

Práctico

No práctico

Coco Chanel

La industria de la moda estaba dominada casi exclusivamente por hombres, que eran quienes diseñaban unas prendas complicadas y opresivas para las mujeres. Los sombreros pesados, los corsés restrictivos, las colas largas y las filigranas molestas eran la norma. Coco Chanel rompió el molde en todos los sentidos: se convirtió en una mujer que diseñaba para otras mujeres y que puso a la usuaria en el primer plano.

Diseñadora trabajadora, práctica y visionaria, el proceso de Chanel empezó con la empatía hacia su sexo. Para inspirarse, se fijó en la ropa masculina y, sobre todo, en los uniformes profesionales, y se empeñó en eliminar lo superfluo e incómodo de la ropa para iniciar una transformación hacia la moda centrada en la consumidora. Sus túnicas utilitarias y sus icónicos vestiditos negros son el resultado directo de este enfoque.

Chanel atribuía su valentía a la hora de reconfigurar lo que significaba vestir a las mujeres a su falta de educación formal. Trabajó a partir del instinto y el sentido común más que siguiendo unas reglas heredadas, y creó sus visiones únicas y personales. Se puso en la piel de la usuaria, pensó en sus necesidades prácticas, su estilo de vida y sus hábitos. Sus revolucionarios trajes incluso se diseñaron con un bolsillo en la falda para que las elegantes empresarias llevaran su pitillera encima.

La comodidad, la coherencia y el estilo atemporal eran sus principales prioridades. «Algunos modistos son muy buenos, pero cambian cada semana, y esta es la razón por la que he creado mi propio estilo —afirmó—. No podría dedicarme a esto si tuviera que encontrar algo nuevo cada semana; terminaría creando cosas muy feas».

Francis
Bacon

El estudio de Francis Bacon era muy famoso por su anárquico desorden. El espacio se caracterizaba por sus paredes manchadas de pintura y llenas hasta el techo de papeles arrugados, muebles rotos, libros y pinceles. Sin embargo, en ese desastre se ocultaba un método: «Trabajo mucho mejor en el caos —afirmaba Bacon—. No podría trabajar en un estudio pulcramente ordenado. [...] Para mí, el caos engendra imágenes».

El caos de su estudio se reflejaba en otros aspectos de la vida del artista: era un bebedor empedernido, noctámbulo y jugador asiduo. Sin embargo, incluso con su reputación de *bon vivant*, los excesos de Bacon lo estructuraban en cierto modo: decía que le gustaba «trabajar con resaca, porque mi mente está burbujeante de energía y pienso con mucha claridad». Siempre empezaba a trabajar con la primera luz de la mañana, y las tardes las destinaba a socializar, siempre en los mismos sitios, como la Colony Room del Soho londinense.

Su proceso también reflejaba esos impulsos aparentemente opuestos hacia el exceso y la rutina. Bacon no tenía una educación artística formal, ya que consideraba que las escuelas de arte solo le habrían enseñado técnicas que no quería conocer. En cambio, desarrolló su propio proceso a través del método de ensayo y error; no hacía nunca bocetos, y dejaba que su subconsciente dominara tanto como fuera posible mientras «atacaba el lienzo con pintura».

El artista hablaba a menudo sobre su proceso creativo como una forma de ordenar el caos, y sus obras son el resultado del control artístico sobre elementos dispares. La intensidad del trabajo de Bacon reside en la paradójica sensación de ser directa pero al mismo tiempo ser producto de la confusión y el tormento.

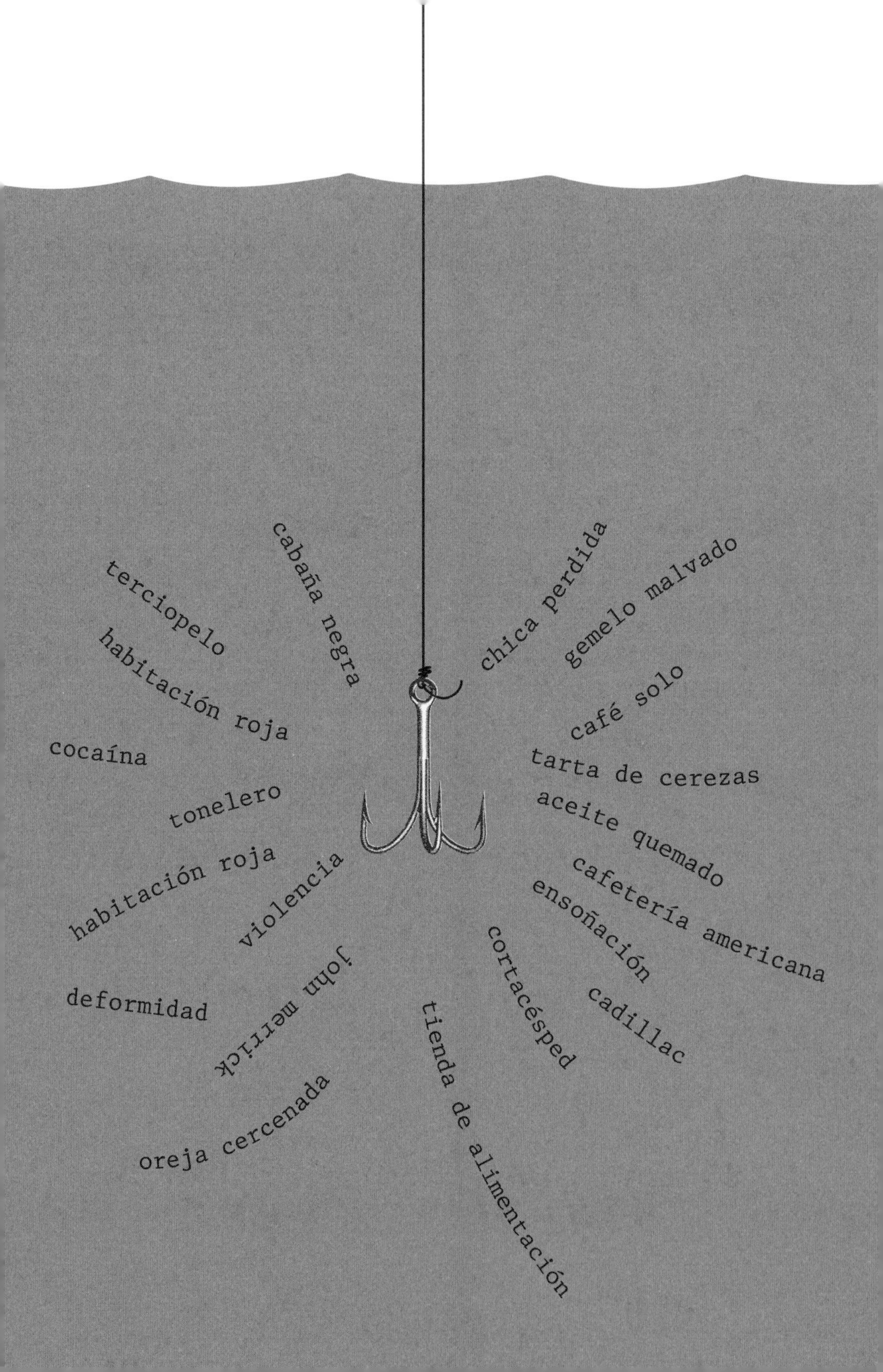

cabaña negra

chica perdida

gemelo malvado

terciopelo

habitación roja

café solo

cocaína

tarta de cerezas

aceite quemado

tonelero

cafetería americana

habitación roja

ensoñación

violencia

cortacésped

cadillac

deformidad

john merrick

oreja cercenada

tienda de alimentación

David Lynch

David Lynch compara el acceso a las ideas creativas con la pesca: primero debemos lanzar activamente el anzuelo y concentrarnos con paciencia en atraer a los peces hacia nosotros. Una vez que una idea es «pescada» y escrita, otras empiezan a «nadar y a unirse a ella, y comenzará a surgir algo llamado guion». Entonces, el director comienza el proceso de ordenar estos fragmentos en un todo, y está siempre atento a los «accidentes felices» que se alinean y aumentan su visión general para ese proyecto en particular.

Estos fragmentos de inspiración pueden provenir de cualquier lugar: un reflejo en un charco, la letra de la canción homónima que llevó a Lynch a ver una oreja cortada sobre el césped en *Blue Velvet*, un lugar, soñar despierto.

El director atribuye su habilidad para captar y traducir ideas creativas, a menudo provenientes del subconsciente, a la meditación trascendental, que considera que le ha permitido acceder a niveles de conciencia más profundos. «Si tienes una conciencia del tamaño de una pelota de golf, cuando lees un libro tendrás una comprensión del tamaño de una pelota de golf. Pero si puedes expandir esa conciencia, tendrás más comprensión», explica Lynch. La sensibilidad de sus películas con respecto al espacio, el color, el ritmo del diálogo y el poder del sonido y la música son testimonio de ello.

La meditación trascendental también mejoró el estado de ánimo del director, cosa que a su vez ayudó a su proceso creativo. «Las cosas negativas, como la ira, la depresión y el dolor, son cosas hermosas en una historia, pero son como un veneno [...] para la creatividad», afirma Lynch. Así, hoy le gusta hacer arte más que nunca. Cuanto más feliz eres, con más facilidad fluye la creatividad, y así puedes captar más ideas.

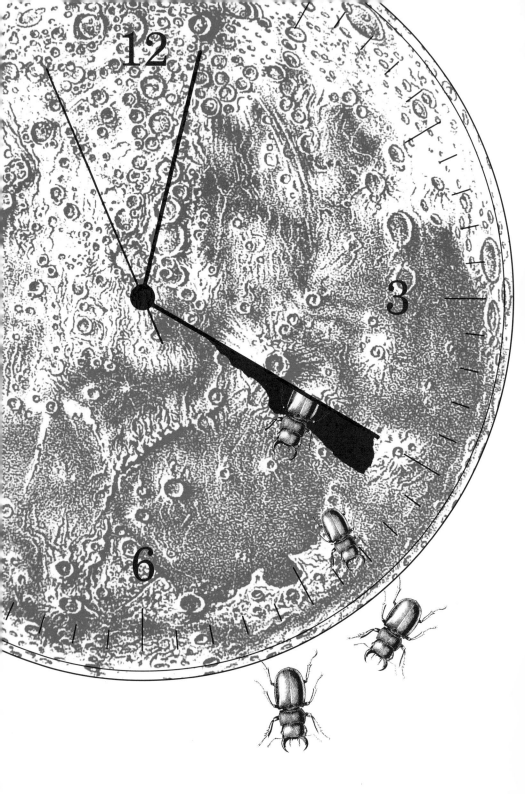

Franz
Kafka

Luchar contra la agobiante vigilia del insomnio no suele ser muy divertido, pero Franz Kafka convirtió su eterna batalla por dormir en algo parecido a una herramienta creativa mística. Las frustrantes vacilaciones entre el sueño y la vigilia que conllevaba el insomnio demostraron ser una poderosa fuente de inspiración para Kafka, y se dice que buscó y aprovechó deliberadamente las alucinaciones y visiones propias de tal estado, hasta el punto de reservar el tiempo de escritura para esas horas de vigilia nocturna.

Kafka organizaba su jornada laboral en un horario extraño, incluso cuando se liberó de los grilletes de las horas antisociales al ser ascendido a un puesto de turno único en su trabajo en el Instituto de Seguro de Accidentes de Trabajo en Praga. A pesar de que a partir de entonces empezó a trabajar desde las 8:00 hasta las 14:30 horas, siguió escribiendo alrededor de las 23:00 horas, para concluir alrededor de las 3:00 horas.

Su estado de ansiedad mareante e hipnagógico, que coexistía con la ensoñación, no solo se canalizaba en su proceso, sino que también daba forma a las tramas de sus historias: en su novela breve de 1915 *La metamorfosis*, Gregor, el protagonista, se transforma en una cucaracha después de una noche de insomnio e inquietud.

La noche —o, como la llamaba Kafka, «mi vieja enemiga»— era el momento en que surgían sus mejores ideas. Le confesó a su colega checa Milena Jesenská que, cuando no escribía por la noche, podía conseguir «unas pocas horas de sueño superficial», pero seguía estando «simplemente cansado, triste, apesadumbrado».

Sylvia Plath

Sylvia Plath seguía una estricta rutina diaria. Ella y su esposo Ted Hughes dividían el día en horas fijas para escribir y trabajar. Según sus cartas, antes de ser padres, ambos tenían como objetivo escribir durante seis horas al día: desde las 8:30 hasta las 12:00 horas, y luego desde las 16:00 hasta las 18:00 horas. Cuando formaron una familia, se dividieron la jornada laboral entre los dos: Plath escribía desde las 9:00 hasta la hora de comer, y Hughes entre la hora de comer y la hora del té.

Dentro de sus rigurosos horarios, Plath siempre tuvo la disciplina de anotar momentos de la vida diaria como un registro de sus pensamientos y reflexiones. A lo largo de su breve vida, escribió diarios de forma compulsiva; tenemos registros de sus anotaciones desde la edad de doce años y hasta su muerte, acaecida a los treinta años, en 1963, que abarcan más de mil páginas.

Muchas de estas entradas de diario se convertirían en material para las historias de Plath, aunque sus poemas nunca se esbozaron explícitamente en los diarios. En su lugar, utilizaba los cuadernos para perfeccionar su oficio, y estos revelan algunas bellas y poderosas frases relacionadas con su vida cotidiana y su sensación de convertirse en un ser extraño. Cuando era estudiante, en la década de 1950, hablaba de la sensación de que debía «recortar mis bordes cuadrados para encajar en un agujero redondo»; al final de esa década, registra su decisión de que debe ser fiel a sus «propias rarezas».

Pina
Bausch

La coreógrafa alemana Pina Bausch fue conocida por crear producciones viscerales y muy emocionales. Para Bausch, la danza no era solo una forma de comunicarse, sino también un modo de experimentar el mundo. Afirmaba que de niña le encantaba bailar porque tenía miedo de hablar: «Cuando me movía era capaz de sentir». Sin embargo, sus coreografías no solo eran autorreflexivas y autoexpresivas; fueron el producto de un coro de narraciones ofrecido por su compañía.

Su famoso grupo, la compañía Tanztheater Wuppertal, exploró complejas ideas en torno a la condición humana mediante el uso de muchos ejercicios distintos, como la improvisación y el cuestionamiento directo, a veces brutal. Bausch preguntaba acerca de los padres de sus bailarines, su infancia, sus respuestas a ciertas situaciones, gustos y aversiones, esperanzas y sueños. Les preguntaba: «¿Qué anhelamos? ¿De dónde viene todo ese anhelo?». Y les permitía, y, de hecho, los alentaba, a estar tristes y furiosos; a llorar, reír y gritar.

Bausch creía en el trabajo en colaboración, y permitía que cada intérprete consiguiera sus propias respuestas, profundamente personales, sobre los temas de cada pieza, en lugar de construirlos ella sola en la visión de túnel solipsista, muy tentadora para los creativos. Las respuestas e ideas generadas en las discusiones íntimas entre Bausch y sus intérpretes aportaban el material de sus coreografías, desde las estructuras de la escena a los gestos y el diálogo.

Aunque a veces se la consideraba cruel, Bausch era muy querida por sus artistas e inspiraba gran lealtad. En última instancia, fue el compromiso exigente e inquebrantable de Bausch con sus bailarines lo que permitió que la compañía realizara actuaciones intensas y viscerales en el escenario.

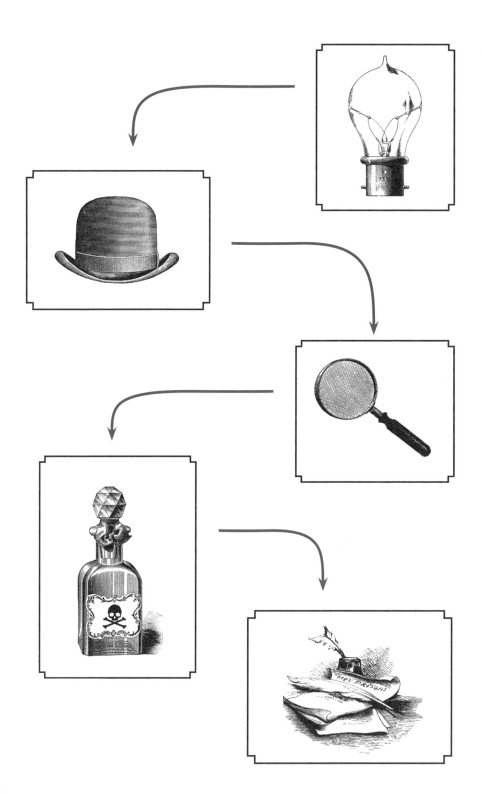

Agatha Christie

Los misterios de Agatha Christie se tejían a partir de un escrutinio detectivesco de las personas y lugares con los que se encontraba en su vida cotidiana, que luego se transformaban en los personajes y las tramas de sus historias, gracias a la ayuda de los innumerables cuadernos en los que plasmaba cada detalle. Christie afirmaba que solía tener media docena de cuadernos a mano y que los llenaba con cualquier cosa: desde giros argumentales creados en su imaginación hasta notas sobre «algún veneno o droga» de los que había oído hablar, o «un astuto timo sobre el que había leído en el periódico».

Christie siempre llevaba dichos cuadernos encima, lo que le permitía anotar cualquier cosa que se le ocurría en cualquier lugar. La escritora sabía que las tramas pueden llegar en los momentos más inesperados, como en una tienda de sombreros, o al escuchar una conversación en un salón de té. Christie nunca tuvo un espacio o una habitación consagrados a la escritura, y los cuadernos se adecuaban a su método itinerante de reunir ideas y tramas a medida que se movía por el mundo, trabajando siempre en al menos dos novelas al mismo tiempo.

La autora utilizaba sus cuadernos como un memorándum más que como un boceto de historias o pasajes, y los llenaba de meditaciones erráticas y destellos de inspiración que a veces no llegaban a ninguna parte, mientras que otros podían reflejarse directamente en sus obras definitivas. Cuando tenía una trama trazada, aunque fuera de la manera más informal y fragmentaria, Christie ya podía llenar los huecos a medida que los personajes emergían de manera gradual de su pensamiento, y los elementos narrativos prácticos se agregaban más adelante, cuando la autora creaba y resolvía simultáneamente sus crímenes ficticios.

Toni Morrison

La escritora Toni Morrison empezó a escribir antes del amanecer, porque era el único momento en que podía estar sola antes de que sus hijos se levantaran. Pero la necesidad se convirtió en hábito, y más tarde se transformó en una elección: se dio cuenta de que tenía la mente más clara y se sentía más segura por la mañana, y que «se iba volviendo cada vez más tonta» a medida que avanzaba el día.

A lo largo de su carrera, Morrison siempre ha sido consciente de lo que le funciona y lo que no como individuo. Se toma el tiempo de reflexionar sobre los detalles de su propio proceso, al tiempo que se esfuerza constantemente por «ampliar la articulación» de sus creencias morales y políticas con sus escritos y «abrir las puertas» a su propia imaginación.

El compromiso consciente de Morrison con el mundo que la rodea le permite «establecer contacto» con el proceso creativo. Cuando era profesora en Princeton, Morrison les recomendó a sus alumnos que se sometieran a un proceso similar de autoexamen para descubrir en qué situaciones se encontraban en la mejor forma creativa. Los animó a que se preguntaran cómo era su habitación o escritorio ideal, los sonidos, si había calma o caos fuera; en última instancia: «¿Qué necesito para liberar mi imaginación?».

El otro ingrediente de esta fórmula es estar preparado y aprovechar las oportunidades. Gran parte de la vida de Morrison ha estado ocupada por la vida familiar y los empleos diurnos, lo que la obligaba a escribir en trozos de papel o lo que tuviera a mano cuando encontraba la inspiración lejos de su situación creativa ideal: los viajes en metro, por ejemplo, pueden pasarse pensando en personajes o tratando de resolver un problema narrativo.

Wolfgang Amadeus Mozart

Existe el mito de que Mozart tenía la capacidad de crear una composición completa y original en su mente, en apariencia surgida de la nada. Es una historia que promovió tanto el propio Mozart como quienes han escrito libros o han filmado películas sobre el músico desde entonces. «Los pensamientos se agolpan en mi mente de la forma más fácil que se podría imaginar. [...] Aquellos que me agradan los almaceno en mi mente y los tarareo», afirmó Mozart. Según el compositor, luego, esas ideas iniciales se enlazaban felizmente con otra melodía «que se vinculaba con la primera», y así una y otra vez con las partes de varios instrumentos y contrapuntos sónicos que conformarían la pieza completa.

Sin embargo, esta no es toda la historia. Más que ser un receptor pasivo de melodías, Mozart no dejaba de pensar en la música, experimentarla y estudiarla. Cuando creaba una composición, primero probaba sus ideas en un piano antes de escribir los bocetos de los primeros fragmentos básicos de una pieza. Más adelante, se agregaban aspectos como la melodía y las líneas de bajo, y en ocasiones dejaba espacio para armonías y otras adiciones que buscaba en otro momento.

Aunque Mozart dejaba margen a la libertad en su proceso de recopilación de los diversos elementos de una composición, también era meticuloso. Anotaba sus ideas iniciales antes de trabajar en las partes más importantes de cada pieza y, por último, plasmar toda la composición en papel. Las creaciones del compositor fueron mejorando poco a poco con el tiempo, a medida que empezó a trabajar con una rutina mucho más estricta de lo que reconocía. «No me creo en absoluto los rumores que cuentan de que [Mozart] escribió sus obras más importantes de forma rápida y apresurada», afirmó el biógrafo Georg Nikolaus Nissen.

Andy Warhol

El legado de Andy Warhol incluye historias y mitos escandalosos sobre su famoso estudio neoyorquino, The Factory, como cabría esperar del hombre que convirtió la figura del artista en algo análogo a las estrellas del pop o del cine. Se rodeó de personas y cosas locas y bellas, con una política de puertas abiertas para todos aquellos seres jóvenes y hermosos que le resultaban fascinantes e inspiradores.

Esos artistas, modelos, profesionales del sexo, chicos abandonados y extraviados se convirtieron en los actores de sus películas y en los sujetos de sus retratos de cine mudo Screen Test, así como en los protagonistas de su obra serigráfica. Mientras que algunos de sus amigos le servían como hermosas y magnéticas musas, como Edie Sedgwick y Nico, otros se convirtieron en sus asistentes o documentalistas. Billy Name, por ejemplo, fue su fotógrafo, manitas, gerente de estudio, amante y casi cualquier cosa imaginable.

Además de ayudarlo directamente a crear obras, registrarlas o protagonizarlas, ese reparto de personajes cumplió otro papel asimismo vital pero menos tangible: validaban y tranquilizaban al célebremente inseguro Warhol. Según Stephen Shore, que empezó a fotografiar la Factory en 1965 cuando tenía solo diecisiete años, el artista siempre pedía su opinión a todo el que lo acompañaba. «Creo que le ayudaba en su trabajo tener gente a su alrededor, tener otras actividades a su alrededor —afirma Shore—. Creo que mantenía a la gente implicada al preguntar: "¿Qué opinas sobre esta obra? Oh, no sé qué color usar. ¿Qué color debería emplear?". Cosas que mantenían el torbellino de actividad a su alrededor».

SOMERS

TOWN

North Pl.

St. James Chapel

Poly gon Square

Clarence

Smith Street
Weston Pl.
Denton St.
Welton St.
Hert

North St.

James St.
Well St.
Judd Place

Battle Bridge

Chapton Street
Seymour Place
Somers Place

Reservoir

Euston Sq.

Southamp.
Place

Palace R.

Grafton & East
Carmarthen S.

Widborough St.
Judd Street
Somers Pl.
Stanmore St.

Crescent
Harton
Burton
Hadlow St.

Dukes Row

Burtons

Lucas

Burial Ground

Chapel

Tavistock
Gr. Coram St.
Woburn Pl.
Marchmont
Compton
Guildford
Lit. Co.
Everett St.
Wilmot St.
Bernard St.
Colonade
Upr. Guildford St.

Brunswick Squa

Foundling Ho.

PADDINGTON TO

Russell Square

Montague St.
Torrington St.

Gr. Ormond

Queen
Square

Southampton

Gr. Ormon

Devonshire
Gloucester St.

Grafton
Tottenham
Charles
Chandos
Tottenham Place
Howland St.
John St.
G. Chu.
Charlotte St.

TOTTENHAM COURT

Gower St.
Cheneus Mews
Thornh.
Chenies St.
Store Str.
Alfred St.
Keppel

Montague St.
Torrington St.

Keppel

Bedford S.

British Museum

Street
Upper
Bury St.

Bloomsbury Squ

Berners
Newman Str.
Charlotte
Rathbone
Windmill Str.
Percy S.
Stephen St.
Charles St.
Goodge
Hanway
Bedford St.
Travis S.
Bedford Squ
Charlotte St.
Great Russell
Duke Street
Streatham
Thornhaugh
Hyde St.
Hart St.
Lion St.

Kingsgate St.
Southamp Street
Newton St.

Great Rus
Bainbridge
Buckbridge
High St.

Charles Dickens

La obra de Charles Dickens revela un sentido agudo y profundo del mundo que lo rodea, lo que podría atribuirse a su afición por las largas caminatas: se dice que el escritor recorría casi veinte kilómetros de media todos los días. Conocido por ser un torbellino de energía, solo con esta actividad contemplativa y solitaria Dickens podía conducir su mente a un estado en el que podía florecer el pensamiento creativo.

Gracias a su trabajo como periodista, editor y activista por la reforma social, Dickens trató de poner de relieve las dificultades de los pobres y conseguir así una sociedad más solidaria. Sus recorridos a pie por las calles más insalubres de Londres lo acercaban a los problemas que estaba explorando y le daban las ideas necesarias para realizar su trabajo, así como material para sus novelas minuciosamente detalladas.

Caminar no solo le permitía comprender en profundidad los lugares y las personas que habitaban sus obras, sino que también podía «escuchar las voces» que lo ayudaban a escribir. En lugar de crear situaciones o personajes de manera activa, afirmaba que registraba cosas que veía a su alrededor o que escuchaba en su interior. «Cuando me siento a escribir mi libro, un poder bienhechor me lo muestra todo. [...] No me lo invento, de verdad que no, sino que lo veo y lo anoto», escribió Dickens en una carta a su amigo John Forster.

Por supuesto, hubo un episodio en el que un paseo se convirtió en la inspiración literal de una escena: una tarde de 1857, Dickens caminó los casi cincuenta kilómetros que separaban su casa en el centro de Londres hasta su casa en Kent, probablemente para huir de su situación doméstica en una época de problemas matrimoniales. En *Grandes esperanzas*, Pip emprende un viaje muy similar, aunque en la dirección contraria.

Yayoi Kusama

Desde la infancia, Yayoi Kusama ha utilizado el arte como una forma de lidiar con los traumas y su bien documentado trastorno obsesivo-compulsivo. El impulso artístico de Kusama se ha manifestado sobre todo a través de su forma de repetir motivos particulares *ad infinitum*: en su obra abundan los lunares, así como los falos, y sus famosos espejos «infinitos» reflejan repeticiones de repeticiones.

Una de sus primeras aventuras en la repetición como medio fue *No. F*, de 1959, la primera obra de su serie Infinity Net. Cubrió un lienzo entero con diminutos puntos creados a base de muchas capas de pintura para construir un «multiverso» de círculos sobre círculos. En *Accumulation No. 1*, de 1962, la artista convirtió un sillón en un objeto extrañamente sexualizado, pintándolo de blanco y cubriéndolo por completo con numerosas protuberancias blandas con forma de falo. Al crear dicha obra, desarrolló un modo por completo nuevo y muy personal de trabajar, y al mismo tiempo se enfrentó a sus propios miedos en torno a la sexualidad.

A través de la repetición de ciertas imágenes o símbolos, Kusama crea piezas estéticamente impactantes, al tiempo que se esfuerza por negar las cosas aterradoras para ella. La artista ha dicho que los lunares, por ejemplo, simbolizan la enfermedad, mientras que sus pinturas Infinity Net representan su horror al tomar consciencia de «la infinitud del universo». La repetición se convierte en una multitud de conceptos: belleza, juego, simbolismo, medio artístico, expresión y terapia. «Mi obra es una expresión de mi vida, en especial de mi enfermedad mental», ha afirmado Kusama.

SEGURIDAD PARA EXPERIMENTAR

Grace Jones

La formidable Grace Jones ha vivido durante mucho tiempo según la máxima «pruébalo todo al menos una vez. Si te gusta, sigue probándolo». Esto incluye cosas como experimentar con las drogas, hacer de modelo, frecuentar clubes, probar peinados y estar con hombres. Gracias a su poderosa determinación, aunque Jones sabía que no tenía la mejor de las voces, no cejó en su empeño de convertirse en cantante. E incluso cuando era una salvaje criatura de la noche, nunca perdió el control sobre sí misma.

Su perspectiva segura y experimental también implica que Jones nunca ha dudado en trasladarse a un nuevo lugar o a una nueva ruta profesional siempre que ha sentido que el sitio donde estaba no la llevaba adonde quería ir. Para vivir la vida de un verdadero artista, afirma, «siempre hay que estar viajando a nuevos lugares y moverse». De esta forma, uno está siempre en contacto con lo que sucede en el mundo que le rodea, teniendo en cuenta lo que ya se ha hecho para no repetirlo y mostrando una perspectiva propia a través de su arte.

Así fue como Jones se mudó de su Jamaica natal a Nueva York cuando tenía solo trece años para iniciar una carrera como modelo, y pronto se convirtió en una figura habitual en la floreciente escena disco. Sin embargo, cuando contaba dieciocho años, Jones sintió que la ciudad la estaba «bloqueando», así que simplemente siguió adelante y se trasladó a París, donde su carrera como modelo despegó, y donde, en solo unos meses, firmó un contrato discográfico y comenzó a grabar música, logrando así su objetivo vital.

43

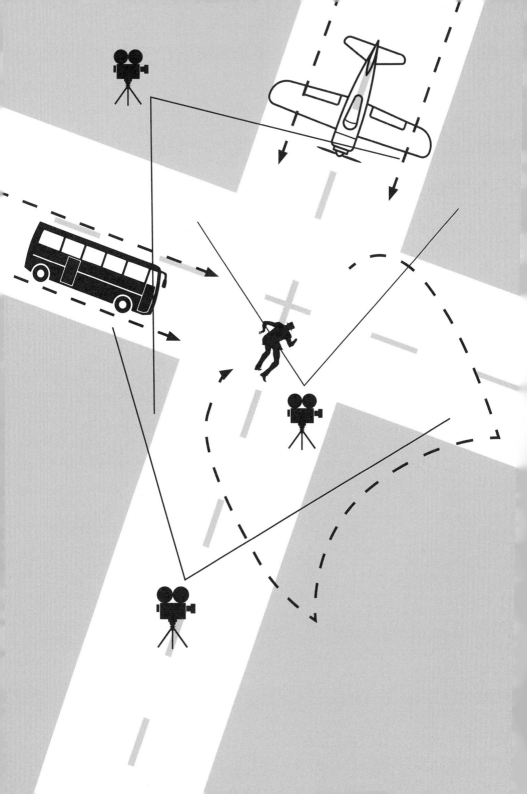

Alfred Hitchcock

La destreza de Alfred Hitchcock en su oficio es el resultado de una ética de trabajo incansable y obsesiva, inspirada en sus raíces de clase obrera. Entre sus películas se encuentran *Vertigo* (*Vértigo*), *Pycho* (*Psicosis*) y *Rear Window* (*La ventana indiscreta*), y cada una de ellas se ha convertido en un pilar en el canon cinematográfico. Una obra tan prestigiosa solo se podía lograr a través de su comprensión profunda de cada aspecto del proceso de realización de una película.

Para Hitchcock, trabajar duro significaba dominar todas las disciplinas, desde la escritura de guiones hasta el diseño de sonido y la escenografía (además de actuar en sus famosos cameos), y estudiar con detenimiento cada aspecto visual, dialógico y sensual de sus películas. «Como artesano, Hitchcock no tenía parangón; estaba tan familiarizado con sus herramientas que nunca tenía que mirar a través de la cámara, porque siempre sabía cómo saldría cualquier toma», escribió Mark Crispin Miller en su necrológica del cineasta.

A lo largo de su longeva carrera de cincuenta y tres años, Hitchcock fue tan controlador de su medio como lo fue de las seductoras actrices rubias (como Tippi Hedren) que lo tenían fascinado, y siempre exigía estándares imposibles a su equipo. Existen muchas historias sobre cómo volvía locos a sus guionistas con constantes interlocuciones e intromisiones en su trabajo. Afirmaba que había escrito la mayor parte de los diálogos de sus películas, aunque su nombre solo aparece como guionista en los créditos de *Dial M for Murder* (*Crimen perfecto*). Y jamás utilizó la improvisación, cosa que podía ser una bendición o una maldición para los actores, según su temperamento.

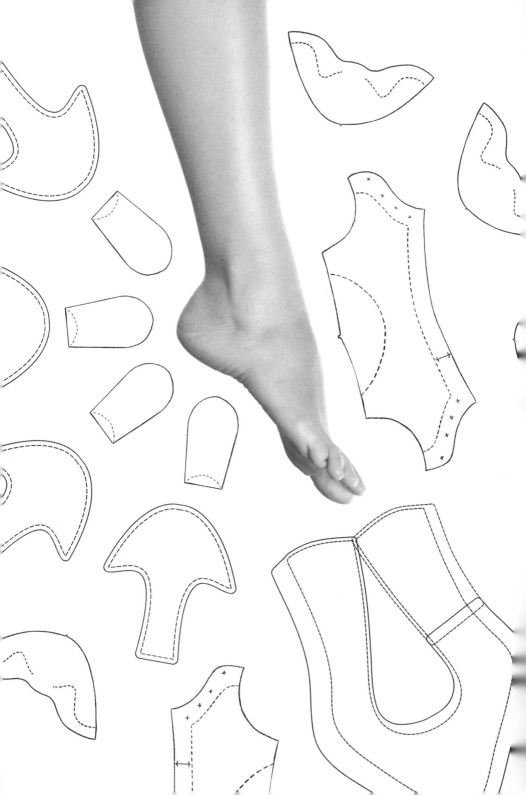

Manolo Blahnik

Manolo Blahnik construyó su gran imperio del calzado sin ninguna educación formal; en cambio, fue a la escuela de arte y estudió arquitectura y literatura en Ginebra y en la École des Beaux-Arts de París. Aprendió su oficio de las fábricas, hablando con diseñadores de patrones y fabricantes para comprender mejor el proceso, e incluso probándose los zapatos que fabricaba para asegurarse de que fueran cómodos.

Aunque no cree en el «proceso creativo» como tal, Blahnik trabaja creando una mujer imaginaria en su mente y diseñando zapatos para ella. De hecho, atribuye gran parte de su éxito a las mujeres que lo inspiraron y alentaron cuando aún estaba empezando: Bianca Jagger, Paloma Picasso y Marisa Berenson estaban «locas» por sus creaciones.

Con más de setenta años, Blahnik sigue conservando el control total de todos los aspectos de su marca. Diseña cada zapato él en persona, e incluso talla a mano las hormas de madera con las que se producen. Nunca ha tenido un ayudante, y hasta el día de hoy no tiene un equipo que lo ayude. Este enfoque obsesivo parece natural para Blahnik, ya que se adecua a su pasión por la perfección: «Me gusta terminar el producto de manera hermosa, con los mejores materiales, el equilibrio perfecto en el tacón, y hacerlo lo mejor que puedo».

El control que ejerce sobre su trabajo se refleja en su vida privada. Blahnik afirma que nunca tiene relaciones personales, y alega: «No me enamoro de las personas, me enamoro del arte». Rara vez duerme más de cinco horas, ya que prefiere emplear el tiempo en diseñar zapatos. Pero para el diseñador, el control y la independencia significan libertad: «Es el único lujo que tengo. Elijo lo que quiero hacer».

Lou
Reed

Desde yonquis y prostitutas hasta travestis, modelos y gente joven, bella y problemática, Lou Reed tenía una manera de contar historias a través de sus canciones que hace que tanto el oyente como el narrador se introduzcan en la piel de sus protagonistas.

Sus años de estudiante de filología inglesa en la Universidad de Syracuse es evidente que le ofrecieron a Reed su base como narrador, pero las experiencias que buscó le proporcionaron las historias. La escena del rock and roll del Lower East Side de Nueva York y los personajes narcotizados, transgresores y fascinantes que la poblaban confirieron a Reed su estética única. Creaba fábulas sobre personas y temas a los que la mayoría de los músicos rehuían en la década de 1960: vicio, homosexualidad, drogas, enfermedad mental y fracaso. «Quería escribir canciones relacionadas con la vida real, en oposición a toda la mierda que había por ahí», repuso. No solo cantó sobre sentirse «enfermo y sucio, más muerto que vivo» mientras esperaba a su camello («mi hombre»), sino que también lo vivió.

Observador agudo y perspicaz, Reed fue honesto acerca de la importancia de las lecciones que aprendió de quienes le rodeaban, como en la Factory de Warhol, donde se sentaba a mirar «a esas personas increíblemente talentosas y creativas que no dejaban de hacer arte, y era imposible no sentirse afectado por aquello». Caminaba entre fanáticos de las anfetaminas, yonquis y artistas, y él también era todo eso, de ahí la empatía perceptible hacia esos personajes dulces y heridos que vivirán para siempre en sus canciones.

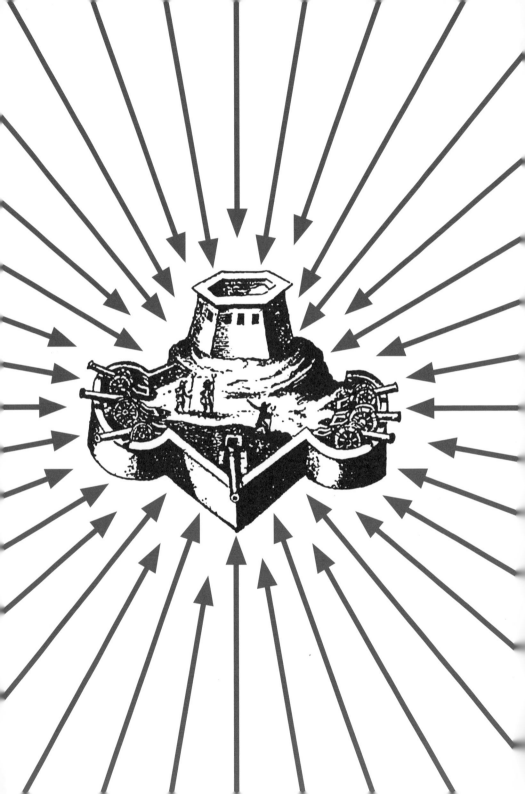

Marina Abramović

Pocos artistas han puesto tanto en riesgo su vida en nombre del arte como Marina Abramović al llevar a cabo sus desafíos profundamente poderosos, a menudo muy personales, y en ocasiones bastante dolorosos tanto para el espectador como para ella misma. En *Rhythm 5*, de 1974, se desmayó por falta de oxígeno cuando yacía en el centro de una estrella ardiendo, mientras que en la *performance* seminal de 2010 en el MoMA, *The Artist is Present*, Abramović se sentó en una silla en medio del museo, silenciosa y vigilante, mientras que el público se sentaba frente a ella por turnos durante el tiempo que quisiera. Si bien esto puede parecer fácil de hacer durante unos minutos u horas, Abramović representó esta escena todos los días durante tres meses.

En sus cuatro décadas de actividad artística, Abramović ha desarrollado formas de entrenar su mente y su cuerpo para llevar a cabo estas castigadoras obras de arte. El método Abramović, el nombre con el que se conoce, incluye ejercicios basados en la respiración, el movimiento, la quietud y la concentración. Algunos ejemplos son contar granos de arroz durante seis horas, escribir su nombre lo más despacio posible y caminar muy lentamente con gestos repetitivos.

El objetivo de todos estos ejercicios es lograr la claridad mental (y en potencia trascender el dolor) a través de la quietud, el silencio, la simplicidad y la máxima concentración en la tarea en cuestión: estar del todo presente en el momento y en el yo. Para Abramović, el artista debe ser «un guerrero»; primero debe conquistarse a sí mismo para hacer buen arte y, al hacerlo, vaciarse para poner su mente en el «aquí y ahora». Las acciones deben ser experimentadas, no tan solo pensadas u observadas desde fuera.

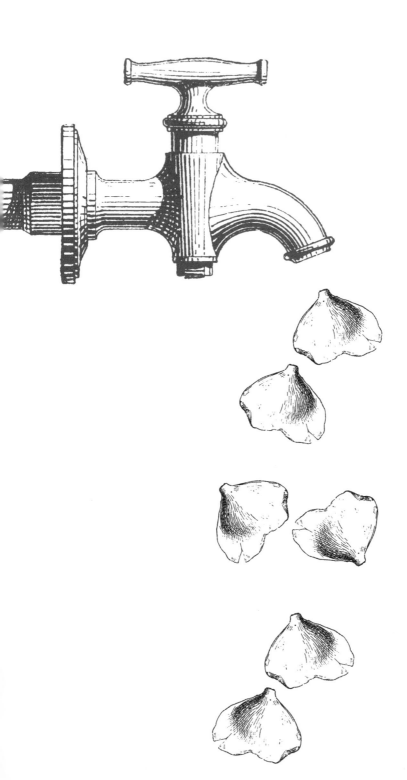

Tennessee Williams

De forma consciente o inconsciente, el dramaturgo Tennessee Williams se vio obligado a exorcizar sus demonios a través de la escritura. «Creo que nací escritor», explicaba a raíz de estar enfermo y verse obligado a estar postrado en cama durante seis meses a la edad de ocho años: tras aquella enfermedad dejó de jugar con otros niños para iniciar «una vida intensamente imaginativa».

El realismo emocional que está presente en el trabajo de Williams se debe en gran medida a su capacidad de recurrir a los aspectos dolorosos de su propia existencia: un padre tiránico, una madre inestable, su enfermedad infantil, su timidez en ocasiones paralizante, su homosexualidad en un principio reprimida y, quizás por encima de cualquier otra cosa, los problemas de salud mental de su amada hermana Rose. Rose era esquizofrénica, y se sometió a una lobotomía prefrontal autorizada por su madre en 1943. A partir de entonces pasó la mayor parte de su vida en instituciones mentales y se convirtió en la musa improbable de su devoto hermano.

Muchas de sus obras presentan personajes y temas que conducen hasta Rose: en *El zoo de cristal*, Laura es apodada «Blue Roses»; en *De repente, el último verano*, la señora Venable pide que su sobrina se someta a una lobotomía; mientras que Blanche DuBois, en *Un tranvía llamado deseo*, se vuelve cada vez más inestable hasta que por último es internada.

A través del poder transformador de la imaginación, Williams pudo asimilar las experiencias difíciles, trágicas y puramente inefables de su vida, y las entretejió con el arte, creando así obras que no solo son realistas, sino también en extremo poéticas. «No creo que nada de lo que ocurre en la vida deba ser omitido en el arte», afirmó, con la salvedad de que dichos sucesos deberían presentarse de una forma que «sea artística, no fea».

Georgia O'Keeffe

Aunque la obra de Georgia O'Keeffe celebra las maravillas del mundo natural, puesto que documenta sus vastas llanuras y montañas y su exquisita flora, su proceso pictórico surgió de una forma meticulosa de aprovechar la inspiración.

Permanecía durante mucho tiempo al aire libre, tomando fotografías y haciendo dibujos, o recogiendo objetos, como piedras, huesos y flores, que se llevaba a casa. Los combinaba de diferentes modos y los dibujaba o los pintaba una y otra vez, con lo que pasaban de representaciones literales a formas más abstractas que adquirían una nueva vida. Una concha o un guijarro, por ejemplo, se podían transformar en formas o espacios oscuros y claros.

Todos los dibujos que hacía los archivaba en carpetas etiquetadas, y cada objeto que recogía era fotografiado desde varios ángulos y con distintas iluminaciones. Trataba a sus pinceles con el mismo cuidado. Ordenaba de manera sistemática lo que la inspiraba y estudiaba cada matiz de las formas de sus sujetos. Esa intensa implicación con sus materiales y el propio proceso de pintar —que a menudo llevaba a cabo en una silenciosa reclusión— eran cruciales para la visión de O'Keeffe. Sus imágenes a menudo presentan un objeto dominante que exige la plena atención del que las contempla, como exigía su propia atención.

Para la artista, la organización permitía una mayor libertad de expresión en el propio arte, que confería a los sujetos físicos reales ideas en torno a la vida, la muerte, la enfermedad y la identidad mediante su imaginación creativa. Dibujando, documentando y registrando lo que encontraba en el mundo natural, podía trascender su carácter físico y representar, como ella misma decía, «lo inexplicable de la naturaleza».

Mark E. Smith

A pesar de que bebía mucho, su conocida adicción a las anfetaminas, su lengua viperina y su propensión a pelearse a puñetazos, Mark E. Smith tenía un buen pedigrí literario. Su banda The Fall debe su nombre a la novela de Albert Camus, y habló de su amor por Aldous Huxley, Kurt Vonnegut y Henry Miller, junto a otros grandes novelistas y poetas. Su larga lista de lecturas cobra sentido si se tiene en cuenta la naturaleza extrañamente poética de sus letras o los títulos de sus canciones y álbumes; tal vez solo un lector voraz pueda proponer títulos como «Hex Enduction Hour», «Bingo Master's Breakout» y «How I Wrote "Elastic" Man».

Pero Smith no atribuía el mérito de su prolífica composición al hecho de pasar mucho tiempo en las bibliotecas, sino a su afición a la bebida. De hecho, consideraba su escritura como el resultado directo de frecuentar los bares. En 1983 creó una guía de seis días para escribir como parte de un programa de la emisora Greenwich Sound Radio, a la que apodó «Guía para escribir de Mark E. Smith».

A excepción del primer día —«Pase el día entero en casa escribiendo fragmentos de información inútil en pedazos de papel»—, cada día implica una visita al bar. El segundo día, el escritor decide que su falta de inspiración «se debe a demasiado aislamiento y falta de socialización». Por tanto, «Vaya al bar. Tómese unas copas». Los últimos cuatro días debe hacer lo siguiente: «Día tres: levántese y vaya al bar. Espere allí mientras llega el estilo. Por puro aburrimiento y embriaguez, hable con la gente del bar. Día cuatro: a estas alturas, la gente del bar debería estar poniéndolo de los nervios constantemente. Escriba cosas sobre ellos en el reverso de los posavasos. Día cinco: vaya al bar. Ahora es cuando la verdadera fuerza de la caligrafía se vuelve más potente, ya que la culpa, la embriaguez, la gente del bar y el hecho de que usted es uno de ellos deberían combinarse para permitirle escribir de pura irritación. [...] Día seis: si es posible, quédese en casa. Y escriba. Si no, vaya al bar».

Henri
Matisse

Los grandes e impactantes collages de papel por los que Henri Matisse es más conocido fueron fruto de un método surgido de la necesidad. Sin embargo, demostraron ser las piezas que le dieron una nueva vida artística, y han inspirado a generaciones de artistas desde entonces.

Las primeras incursiones de Matisse en los recortes de papel tuvieron lugar a principios de la década de 1930, durante los preparativos para un mural que le habían encargado, pero no fue hasta muchos años después cuando el medio se convirtió en su principal forma de expresión. En 1941 le diagnosticaron cáncer, lo que le dejó confinado en una silla de ruedas durante sus últimos catorce años. En lugar de caer en el abatimiento y renunciar a su trabajo, Matisse llamó a este período su *seconde vie* («segunda vida»). Su enfermedad catalizó una forma nueva y emocionante de crear que no habría descubierto sin ella. De hecho, las piezas que creó durante esos años están repletas de alegría y vitalidad.

Desde su silla, Matisse utilizó unas tijeras para crear formas de papel a mano alzada, que luego fijaba en las paredes hasta que poco a poco se convertían en las composiciones definitivas, con la ayuda de un grupo de asistentes de estudio. El artista llamó a este proceso «pintar con tijeras», y afirmó que había renovado su sensibilidad hacia el color y la composición. «Lo veo como una simplificación —afirmó sobre su serie de collages Jazz, de 1940—. En lugar de dibujar los contornos y rellenarlos de color —con lo que uno modifica al otro—, dibujo directamente en color».

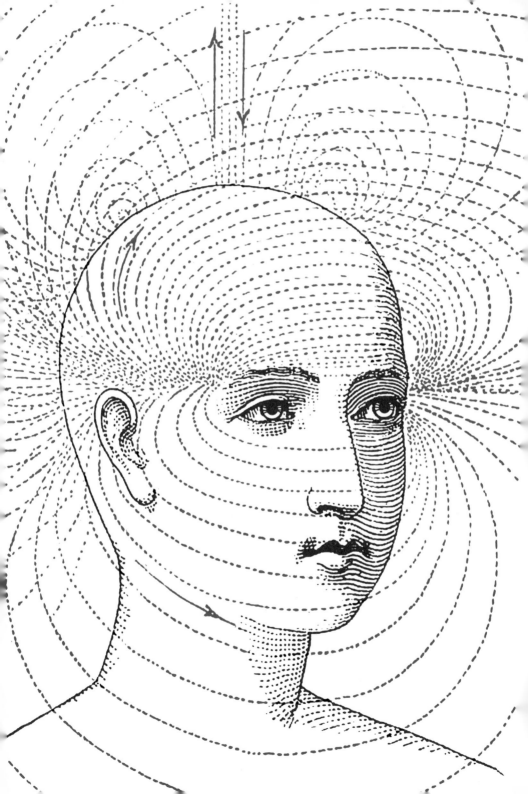

Patti Smith

Patti Smith tiene una historia maravillosa sobre cómo una vez una canción le llegó a la mente «completamente formada». Estaba de pie y sola en su sala de estar cuando de repente tuvo una visión de Jerry García, de The Grateful Dead, sonriéndole. «Y entonces esa cancioncilla —¡puf!— llegó», afirma. Llamó a la canción resultante «Grateful» («Agradecida»), «porque sentí que Jerry me la había regalado».

Smith subraya la importancia de mantener su mente y su espíritu abiertos a ráfagas de creatividad de este tipo, en lo que ella describe como una «canalización» o «habilidad chamánica». Pero a pesar de esos momentos fortuitos de inspiración, Smith admite que por lo general escribir no es tan fácil: es una tarea que hay que tomarse en serio.

En esencia, la cantante trabaja con ahínco para garantizar que su enfoque sea suficientemente agudo y su mente esté lo bastante abierta como para percibir los mensajes que provienen de lugares intangibles —ya sea invocando los espíritus de poetas muertos como su amado Rimbaud, canalizando fuerzas esotéricas o estando receptiva a las señales que provienen del subconsciente— de una forma que sea constructiva para su arte. Sueños, reminiscencias, imágenes, emociones, fragmentos literarios y comentarios políticos se entretejen en la escritura de Smith. Dichos elementos afloran mediante la apertura y la diligencia, se organizan a través de un proceso que les permite colocarse en su lugar de forma natural, y luego se recortan con cuidado hasta que adquieren su forma definitiva. En sus propias palabras, «la mayoría de las veces, la alquimia que produce un poema o una obra de ficción se oculta en el trabajo mismo, si no está integrada en la espiral y los alcances de la mente».

Zaha Hadid

La arquitecta radicalmente moderna Zaha Hadid tenía una actitud intransigente hacia su arte y su vida, lo que significa que nunca perdió de vista su visión creativa. Ya fuera diseñando edificios, interiores, muebles u objetos domésticos, las formas futuristas de Hadid no estaban sujetas a tendencias ni a presupuestos o calendarios: su centro acuático para los Juegos Olímpicos de Londres 2012 triplicó el presupuesto original, y fue el primer edificio olímpico que se empezó a construir y el último en ser completado.

Considerada una persona dura e intimidante, Hadid necesitó esa determinación de acero para romper con lo que ella llamaba «el club de los chicos», que consideraba no solo una característica del ámbito de la arquitectura, sino también del mundo en general. Y Hadid era una mujer que se mantenía fiel a sus principios. Supo que quería ser arquitecta a los once años, y desde entonces se forjó su propio camino «mediante la perseverancia y el trabajo duro», con el doble desafío de ser no solo una mujer, sino también una «extranjera». Una mujer de origen iraquí en una industria misógina dominada por los hombres blancos necesitó ese nivel de determinación para convertirse en una de las arquitectas más exitosas del mundo: «Nunca acepté un no por respuesta. Nunca me tumbé y dije "está bien, podéis pisotearme"».

La vida creativa está llena de desafíos que van desde simples bloqueos mentales hasta obstáculos culturales. Si hay que quedarse con una única lección del ejemplo de Hadid, esta es el valor del trabajo duro y la persistencia obstinada.

Debemos permitirnos cometer muchos errores. Es entonces cuando surge la verdadera magia. Si no asumimos riesgos, no obtendremos ninguna recompensa.

— Bjork

Edgar
Allan Poe

En el año 1846, Edgar Allen Poe expuso su metodología sorprendentemente lógica para crear un poema en el ensayo «La filosofía de la composición». En un marcado contrapunto a los métodos creativos espontáneos y casi divinos propugnados por artistas como William Wordsworth y Samuel Taylor Coleridge, Poe afirmó que la poesía debe cumplir con ciertas reglas para ser verdaderamente poderosa.

La más importante de dichas reglas era la que él denominó «unidad de efecto»: primero, el escritor debe decidir cuál de los «innumerables efectos o impresiones, a los cuales el corazón, el intelecto, o (de manera más general) el alma son susceptibles» se quiere comunicar. Una vez seleccionado dicho efecto (y, lo que es más importante, el desenlace en el que culmina), entran en juego los elementos constructivos en apariencia más obvios, como la narrativa, el tema, los personajes y el tono. Al trabajar en dirección contraria, desde el final y el efecto, el resto de componentes parecerán más naturales y convincentes, ya que conducirán la trama y la resonancia emocional hacia su conclusión.

Poe muestra un desapego frío y crítico al hablar de su obra maestra *El cuervo* de acuerdo con estas doctrinas, tanto, que algunos críticos, en especial T. S. Eliot, se preguntaron si el ensayo estaba escrito en tono de sátira. Poe explica cómo ciertas palabras, como *nevermore* («nunca más») y Lenore, se seleccionaron no por su tema o su aportación a la trama, sino por su sonido. Las vocales largas y sonoras de estos términos captan la emoción concreta que se había propuesto conseguir. Así, la repetición de *nevermore* lleva una y otra vez al lector a la «melancolía», que —junto a la belleza— era el «efecto» que Poe había seleccionado para esa pieza, ya que lo consideraba «el más legítimo de todos los tonos poéticos».

Gertrude Stein

En *Everybody's Autobiography*, Gertrude Stein reveló que solo podía escribir durante unos treinta minutos al día, pero señaló que a lo largo de un año, esas medias horas empiezan a sumarse. Sin embargo, advertía esto con el lamento de que todos los días (tras levantarse «lo más tarde posible») los pasaba «esperando esa media hora para escribir».

Aunque media hora puede parecer un tiempo muy breve, Stein solía emplear el resto del día en actividades que le proporcionaban combustible para su escritura, para poder utilizar sus treinta minutos en su máximo potencial. Dependía de su pareja, Alice B. Toklas, como administradora de su vida, ejecutora de las tareas cotidianas y como lectora, mecanógrafa y crítica. Toklas también acompañaba a Stein, que prefería escribir al aire libre, en sus frecuentes excursiones al campo para sentarse y disfrutar del paisaje. A veces Stein fijaba su mirada en cosas como una vaca o una roca, y si no había nada en su campo de visión que le resultara interesante o inspirador, la pareja conducía hacia otra parte.

El consejo de Stein para que esas pequeñas ventanas de tiempo de media hora dieran de sí consistía en concebir la escritura como un proceso de descubrimiento, en lugar de entrar en el proceso creativo con un resultado final en mente. El acto de la creación, afirmó, debe tener lugar «entre la pluma y el papel», no en la planificación premeditada o una «refundición» posterior.

Martin
Scorsese

Martin Scorsese es famoso por ser un cinéfilo apasionado.
Desde muy joven estuvo obsesionado con la historia del cine
y los pormenores de su creación. A la edad de ocho años ya había
empezado a dibujar recreaciones, fotograma a fotograma, de las
películas que veía. Según Leonardo DiCaprio, que ha trabajado
con Scorsese en numerosas ocasiones, el director suele despertarse
en medio de la noche recordando una escena o imagen de alguna
película poco conocida, y de inmediato se levanta para buscarla.

Esta enorme devoción hacia su medio de expresión ha facilitado
que Scorsese tenga un conocimiento enciclopédico que utiliza
para saber cómo narrar una historia visualmente y sacar lo mejor
de sus actores. También implica que el director tenga un profundo
conocimiento práctico de las convenciones cinematográficas, que
emplea más de lo que se podría pensar. A menudo utiliza fotogramas
congelados, cámara lenta y disparadores de flash, por ejemplo;
y si quiere mostrarnos que alguien está sosteniendo una pistola,
tan solo corta a un primer plano del arma en la mano. Nunca
tiene miedo de buscar en los archivos para descubrir (y mostrar
a su reparto y a su equipo) cómo quiere enfocar una escena
o una película entera. Para *Goodfellas* (*Uno de los nuestros*),
se inspiró en personajes y decisiones musicales, entre otras cosas,
de la clásica película de gánsteres de 1931 *The Public Enemy*.

Con más de setenta años, la pasión, la ética de trabajo y la
veneración de Scorsese por la historia del cine siguen sin mostrar
signos de declive. En cada entrevista el director se muestra
entusiasta respecto a ciertos cineastas, planos e imágenes que
adora y atesora en su memoria. A través de dichas referencias,
ha entendido cómo convertir sus propias películas en obras
que serán recordadas de la misma manera.

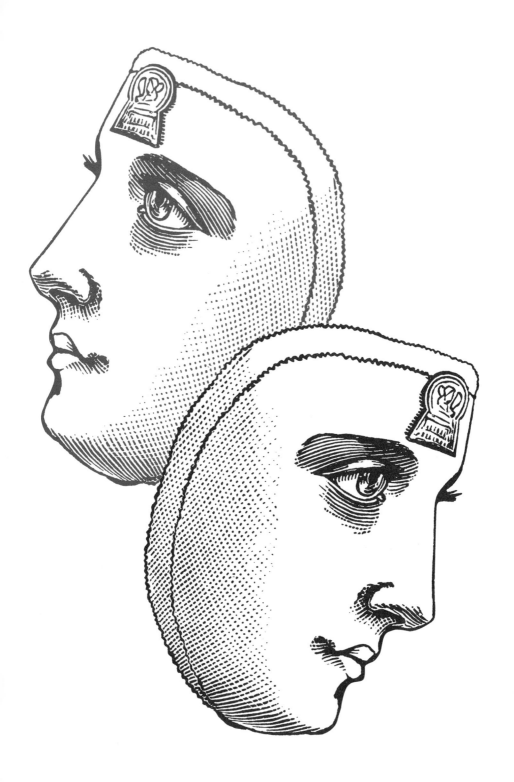

Kate
Bush

Lo fascinante del trabajo de Kate Bush es que, a diferencia de
la mayoría de estrellas del pop, la mujer que escribe e interpreta
esas canciones extraordinarias es un completo enigma. Si tratamos
de descifrar sus referencias literarias, temáticas o folclóricas,
no descubriremos nada sobre la propia Bush, sino sobre el poder
de la imaginación y la empatía para crear historias inolvidables.

Artista camaleónica, Bush escribe con frecuencia desde la
perspectiva de otras personas. El ejemplo más obvio es «Wuthering
Heights», y su estribillo inolvidable, «Heathcliff, it's me Cathy!»,
compuesto desde la perspectiva del personaje Cathy Earnshaw
de la novela *Wuthering Heights* (*Cumbres borrascosas*), de Emily
Brönte. En «Army Dreamers», Bush encarna a una madre que llora
por su hijo soldado, asolada por la culpa tras su muerte durante
unas maniobras militares. En un salto imaginativo aún mayor,
«Breathing» trata de un feto preocupado por las posibles
consecuencias de la lluvia nuclear.

La creación de todos estos personajes muestra la voluntad de Bush
de sublimar su propia identidad para canalizar los sentimientos de
otras personas, recurriendo a cualquier material, desde novelas,
películas o pinturas hasta historias vagamente recordadas de la
televisión, como en el caso de su historia de una esposa celosa
en «Babooshka». Los disfraces y las coreografías que acompañan
a las canciones son esenciales para el proceso: «Cuando la canción
ya está escrita, quien la canta no soy necesariamente yo, se
convierte en el personaje».

ESTO ES
AHORA

Wolfgang Tillmans

La obra del artista y fotógrafo alemán Wolfgang Tillmans
abarca un trabajo que parece completamente inmediato,
ya que adopta la estética de la instantánea para crear reflexiones
sobre la búsqueda de un significado más profundo en momentos
y objetos en apariencia intrascendentes.

Tillmans siempre ha trabajado desde el punto de vista de estar en
el aquí y el ahora. Al principio de su carrera, en 1988, se sumergió
en la cultura de clubes de acid house y techno de Hamburgo,
una experiencia «fascinante» que se sintió obligado a comunicar.
Compró un flash de quince dólares y empezó a fotografiar escenas
de clubes y los personajes que los poblaban. Tillmans envió
los resultados a la revista i-D, que publicó sus fotografías.

Este aire de espontaneidad impregna incluso sus fotografías de
moda construidas con mucho cuidado, así como sus bodegones,
que parecen registros despreocupados de momentos banales:
una mancha de sandía en un plato blanco limpio, o la vista desde
la ventanilla de un avión. Tillmans abraza el poder del azar en
su trabajo; incluso cuando organiza con meticulosidad sus objetos
para fotografiar una instalación o cuando dispone a sus sujetos
en el espacio, sus resultados son a menudo inesperados y parecen
liberados del artificio y la puesta en escena excesiva. Esto no solo
hace que lo cotidiano se vuelva nuevo y emocionante, sino que
también imbuye a cada imagen de una sensación de intimidad.

Para Tillmans, el placer de la fotografía consiste en que, en
el instante en que presionamos el obturador, incluso las escenas,
personas y experiencias más familiares se ven bajo una nueva
luz: «Durante ese segundo todo está activo». Deja que la mente
subconsciente tome las riendas y capte un solo momento. «Muchos
artistas intentan predecir qué tendrá buen aspecto para siempre
—confiesa—. Es imposible. Solo están el aquí y el ahora».

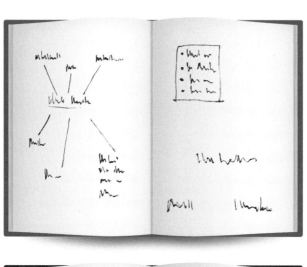

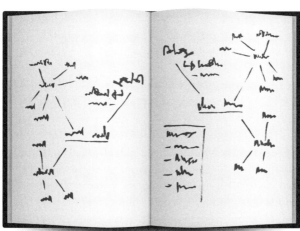

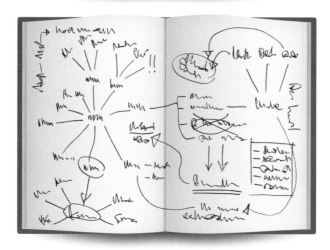

Bill
Viola

Desde sus días de estudiante en la Universidad de Syracuse, el artista Bill Viola, conocido por su obra en medios digitales y vídeo, siempre ha trabajado de acuerdo con un proceso claramente analógico. Esto implica tres tipos diferentes de cuadernos de notas, a los que llama sus libretas, libros de proyectos y libros de trabajo. A día de hoy, sigue la misma rutina, utilizando cada uno en distintas etapas, desde la semilla de una idea o un punto de referencia hasta la realización técnica final de una pieza.

Las libretas son como diarios cotidianos en los que anota ideas: fragmentos de otras obras de arte, literatura, textos religiosos, o simplemente reflexiones, ocurrencias o recuerdos que lo inspiran. En estos cuadernos se pueden ver diagramas, bocetos o fragmentos de texto; en ocasiones, citas de escritores y pensadores; otras veces, su escritura creativa o anotaciones de observaciones. Escribir es una parte crucial de su trabajo, ya que Viola interroga con rigurosidad e interactúa a nivel intelectual con las filosofías y la estética de toda la historia del arte, y es aquí donde podemos ver emerger ciertos temas en su producción visual, como su metáfora recurrente del agua como expresión de espiritualidad y estados mentales variables.

Cuando siente que una idea o una combinación de ideas es suficientemente prometedora como para convertirse en una obra de arte, pasa a su libro de proyectos. Mientras que las libretas son colecciones de ideas más generales, cada libro de proyectos está dedicado a una obra en particular, y es aquí donde Viola se sumerge por completo en cómo expresar su concepto en los niveles visual y físico. Cuando este proceso lo conduce a un lugar desde donde se siente preparado para crear la pieza, Viola pasa a su libro de trabajo. Se trata de documentos técnicos complejos que especifican exactamente cómo se producirá cada pieza. Incluyen listas de tomas, guiones gráficos, ideas de vestuario e incluso cronogramas de edición dibujados a mano.

Pablo Picasso

A lo largo de sus setenta y ocho años de trayectoria artística, Pablo Picasso produjo una obra incuestionable no solo en términos de destreza y originalidad en la ejecución, sino también por la consistencia con la que fue creada. A lo largo de su vida, Picasso creó más de 13 500 pinturas, 100 000 impresiones y grabados y 34 000 ilustraciones. Parece que el artista en raras ocasiones sufría algo parecido al bloqueo creativo; un testimonio del hecho de que no veía las ideas como entidades abstractas que había que buscar o esperar con paciencia, sino como el producto natural de trabajar sin descanso.

«Las ideas son simplemente puntos de partida —afirmó—. Tan pronto como empiezo a trabajar, otras ideas comienzan a salir del lápiz. Para saber lo que voy a dibujar, tengo que empezar a dibujar».

Picasso era conocido por su gran autoconfianza, y esto explica su valentía al probar nuevos materiales, medios y estilos. Pasó de representaciones directas del mundo a representaciones cubistas de escenas que expresaban más sentimientos que realidades, hasta la abstracción y las piezas escultóricas, no solo entre los distintos «períodos» de su carrera, sino a menudo de manera simultánea.

Su inquietud y determinación para evolucionar una y otra vez como artista demuestran su enfoque sin restricciones y basado en el placer. Consideraba la acción, más que una planificación meticulosa, como la base de una carrera artística exitosa. Eso no significa que no planificara sus piezas y no fuera perfeccionista; a menudo pintaba sobre el mismo lienzo dos o tres veces si creía que su trabajo no se dirigía hacia donde deseaba. Pero no era de los que se entretienen y esperan a que llegue la musa: trabajaba constantemente y, al hacerlo, forjó nuevos caminos que han moldeado la naturaleza misma del arte contemporáneo.

Oscar Wilde

Los escritos de Oscar Wilde están repletos de ingeniosos aforismos sobre la creatividad, que hacen que la sensibilidad artística parezca a la vez sencilla e inalcanzable, el raro producto de una mente especial: «La coherencia es el último refugio de quienes carecen de imaginación», por ejemplo, o «Un escritor es alguien que le ha enseñado a su mente a portarse mal».

El placer travieso que evocan tales aforismos subraya los puntos de vista de Wilde sobre lo que significa ser escritor. El «trabajo» debe verse como un impulso y un placer, no como una tarea pesada y una necesidad para llegar a fin de mes. «El trabajo nunca me parece una realidad, sino una forma de deshacerme de ella», escribió a su amigo, el poeta W. E. Henley. Para Wilde, el arte era una forma de elevar las realidades del día a día a algo más hermoso.

La escritura también proporcionó a Wilde una forma de hacer que su agitada vida personal fuera más comprensible y agradable, y le permitió abordarla desde el prisma de su ideal estético. Escribió a su amante lord Alfred Douglas que su arte era «la gran nota primordial por la que me había revelado, primero a mí mismo, y luego al mundo», además de ser la verdadera pasión de su vida: «El amor para el que todos los demás amores son lo que el agua pantanosa es al vino tinto».

De hecho, Wilde parecía ver su propia existencia en términos artísticos. A través de su vestimenta, su entorno, sus relaciones y sus compromisos sociales, se esforzó por conseguir la elegancia y la belleza. Pero cuando no encontraba dichas cualidades no se dedicaba menos a su arte. Su desgarrador ensayo epistolar, *De Profundis*, escrito durante su encarcelamiento en Reading Gaol, replantea su caída en desgracia como un giro trágico en la narración dramática de su propia vida.

Christoph Niemann

Los juegos visuales deliciosamente ingeniosos del ilustrador del *New Yorker* Christoph Niemann a menudo parecen tan sencillos que es fácil pasar por alto el trabajo que subyace tras ellos. En su serie Sunday Sketch, por ejemplo, cada semana tomaba un objeto —como una moneda, un tintero o virutas de lápiz—, le agregaba unas cuantas pinceladas y lo transformaba en una bola de helado, una cámara y una flor rota, respectivamente.

El hecho de que los objetos banales repartidos por el apartamento berlinés de Niemann puedan formar parte de su caja de herramientas tanto como sus tintas y pinceles se debe a su talento para ver las posibilidades visuales de los lugares comunes, un talento perfeccionado gracias a una gran dosis de trabajo.

Niemann afirma que dibuja «todo el tiempo», y solo a través de la práctica constante del dibujo, llega al núcleo de una gran idea. De forma importante, rara vez se da por vencido con una imagen, incluso si parece que no está funcionando: a menudo crea una imagen varias veces, la considera «horrible», la deja de lado y luego la recupera al día siguiente y ve su potencial. En lugar de rechazar los errores, los cultiva.

Lo más importante del proceso creativo, según Niemann, es evitar los atajos y no pensar nunca en cómo la creación puede ser «más rápida o mejor». En esencia, todo se reduce al trabajo duro, a la inversión de tiempo y a una gran cantidad de bocetos desechados para conseguir que algo parezca que se ha realizado sin esfuerzo.

The Darjeeling Limited

Museo
Americano
de Historia
Natural

Avenida Archer 111

Campamento
Ivanhoe

Academia
Rushmore

Puerto
Port-au-Patois

NEW   PENZANCE

Wes Anderson

Wes Anderson es conocido por crear complejos mundos en sus películas, caracterizados por llamativas gamas cromáticas y tomas de gran angular meticulosamente orquestadas. Cada pequeño detalle del plató corresponde a la precisa visión del director.

Estos vívidos universos cinematográficos se elaboran a través de una combinación de investigación, guion y desarrollo de personajes y planificación. Para explorar localizaciones para *Moonrise Kingdom*, en un principio utilizó Google Earth y poco a poco se fue concentrando en los lugares perfectos, que a su vez inspiraron los detalles. Durante la preparación de *The Darjeeling Limited*, una película sobre tres hermanos que se pelean durante una peregrinación por toda la India, Anderson recorrió Rajastán en tren, escenificando el viaje de los hermanos con los coguionistas Jason Schwartzman y Roman Coppola.

Luego, el director traduce sus visiones generales a la pantalla con una atención superlativa al detalle. Su enfoque obsesivo se evidencia a través de las historias que narra la diseñadora gráfica de *Moonrise Kingdom*, Annie Atkins, que reveló que se crearon a mano treinta o cuarenta ejemplares de cada elemento de atrezo para asegurarse de que hubiera suficientes para que duraran durante todas las tomas potenciales que podrían rodarse. Incluso los elementos que apenas aparecen en pantalla durante un par de segundos reciben la mayor atención: los sellos de correos de *The Grand Budapest Hotel* (*El Gran Hotel Budapest*) apenas son visibles, pero se encargó a un ilustrador que los creara especialmente para la película.

Todos estos elementos, fabricados con gran precisión, y la intensa planificación previa a la producción son lo que hace que las visiones de Anderson sean tan atractivas, y elevan sus películas de exuberantes fantasías a mundos extrañamente convincentes.

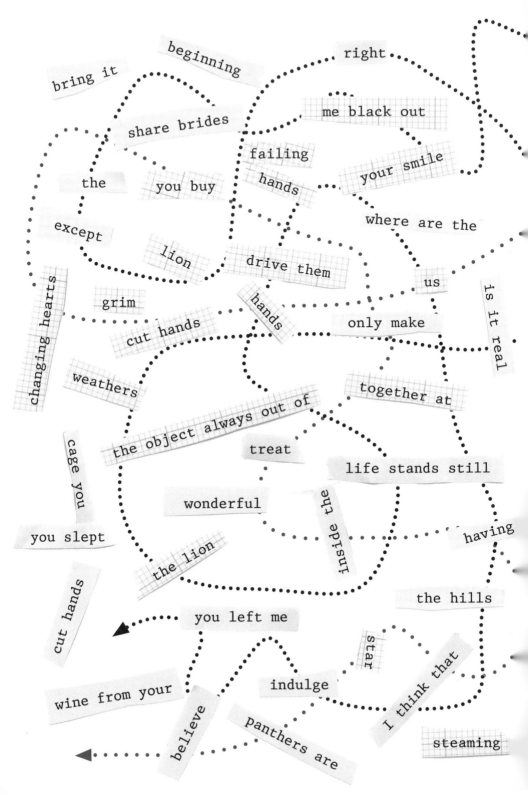

David Bowie

David Bowie, un camaleón musical con 25 álbumes de estudio, 9 álbumes en directo, 49 álbumes recopilatorios, 3 bandas sonoras, 8 EP y 121 singles, se reinventó constantemente, tanto a sí mismo como a su sonido. Pero algunas cosas se convirtieron en una constante en su forma de trabajar a lo largo de su carrera, y una de ellas es la técnica de los recortes para generar ideas.

La invención de este método se remonta al dadaísmo, un movimiento artístico de la década de 1920, pero adquirió popularidad gracias al escritor William Burroughs en las décadas de 1950 y 1960. Lo que Bowie hacía era tomar palabras o frases de varias fuentes, como periódicos y oraciones escritas a mano, las recortaba, las mezclaba (a veces dentro de un sombrero) y luego sacaba los fragmentos para reorganizarlos en nuevas configuraciones. Los productos de su descubrimiento de la inspiración a través del azar se pueden escuchar en algunos de los mejores álbumes de Bowie, como la trilogía de Berlín de finales de la década de 1970, que incluye *Low*, *Heroes* y *Lodger*.

En la década de 1990, Bowie utilizó una versión digital de la técnica del recorte llamada Verbasizer. En este caso, una aplicación de Mac le permitía introducir palabras en columnas etiquetadas con descriptores como «sustantivos» o «verbos». El programa mezclaba las palabras de las filas y columnas para crear nuevas frases, que a menudo desembocaban en nuevas letras y nuevos temas: «Cuatro palabras pueden ser suficientes para crear una canción», afirmó.

Para maximizar el poder de la yuxtaposición como canal de la inspiración, Bowie limitaba el papel del azar. En una entrevista de 1997, el músico habló del poder de levantarse a las 6:00 horas: «Trabajar y estar a la luz del día me resulta muy optimista y creativo».

Ana Mendieta

La artista de origen cubano Ana Mendieta creó su arte de «tierra-cuerpo» mediante el uso de su cuerpo y el mundo natural —árboles, barro, rocas, sangre— como lienzos, pinceles, pinturas y telones de fondo. Su espíritu creativo se centró en su filosofía basada en restablecer los lazos entre su propio cuerpo, la naturaleza y el universo: escenificaba el proceso de creación de estas conexiones.

La fuerza motriz que se encuentra tras su propósito artístico se remonta a sus primeros años y su huida de Cuba para escapar del régimen de Fidel Castro (a través de la operación Pedro Pan), cuando se trasladó al estado radicalmente distinto de Iowa a los doce años, donde fue separada de su familia y de todo lo que conocía. Este exilio provocó una continua búsqueda artística de su identidad y su sentido de pertenencia. «Me siento abrumada por la sensación de haber sido expulsada del útero (la naturaleza) —repuso—. Mi arte es la forma en que restablezco los lazos que me unen al universo».

Del mismo modo, su creación artística estaba vinculada a problemas sociales más amplios de identidad femenina y violencia sexual. En la serie Siluetas de 1973-1980, por ejemplo, Mendieta usó su cuerpo para practicar cavidades en la tierra, y la espiritualidad femenina, la magia y el ritual se expresan a través de la incorporación de flores y, a veces, fuego sobre esos contornos. Solía aparecer desnuda en sus obras —a veces cubierta de barro, y en ocasiones supurando sangre— y los tonos de sus películas y fotografías están teñidos de rojos y marrones terrosos y orgánicos.

Mendieta relacionaba sus propias realidades físicas con cualidades metafísicas del mundo que la rodeaba: «Mi arte se basa en la creencia de que existe una energía universal que lo atraviesa todo», comentó.

1.

2.

3.

4.

5.

6.

Vincent van Gogh

Las pinceladas célebremente dramáticas y visibles de Vincent van Gogh transmiten la sensación de urgencia con que realizó su trabajo. Fue muy prolífico y creó un promedio de una pintura al día en los setenta días anteriores a su muerte, acaecida en 1890. Pero su camino hacia el dominio de su arte fue lento y sistemático.

El impulso para crear obras de arte, a menudo el mismo sujeto una y otra vez, fue una constante durante toda la carrera del artista. Van Gogh fue en gran medida autodidacta, y en sus primeros años perfeccionó su oficio copiando reproducciones de cuadros con mucha meticulosidad —llegó a crear más de 1 000 dibujos solo en sus primeros años—, y también seguía al pie de la letra las instrucciones de los manuales de formación artística. No tenía miedo de cometer errores y aprendía mediante el método de ensayo y error, hasta que dominó todos los aspectos de su oficio. Su ética de trabajo fue implacable, y en sus cartas a menudo hablaba de que otros artistas tenían más talento que él, pero decía que su talento era inútil si no trabajaban duro, como hacía él.

Aunque es conocido por su uso explosivo e hiperrealista del color, esas vibrantes composiciones no surgieron hasta los últimos años de su vida. Las primeras obras de Van Gogh son monocromáticas o pintadas en tonos tenues y sombríos. En el fondo, sin embargo, Van Gogh se estaba sumergiendo en la teoría del color contemporáneo, desarrollando sus propias ideas y escribiendo sobre ellas en detalle a su hermano Theo. En 1883 le escribió: «En los últimos tiempos, al pintar se me ha despertado cierta sensibilidad al color, más fuerte y distinta de lo que había sentido antes». En 1886 se trasladó a París y descubrió el trabajo de los impresionistas, pero el color ya parecía un recurso a punto de estallar en su obra.

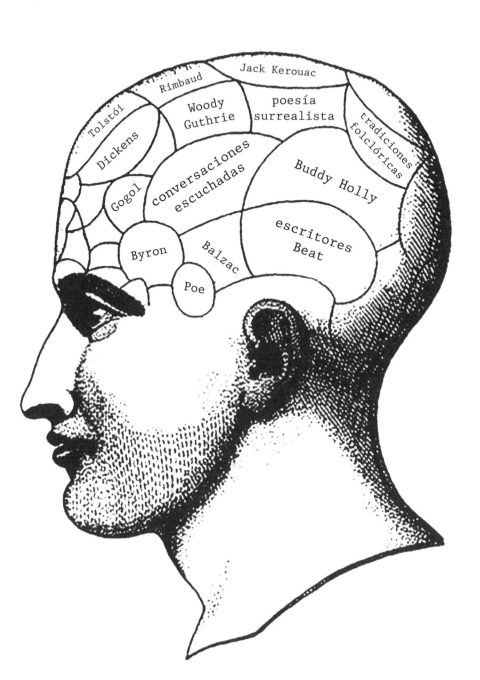

Bob Dylan

Un momento *eureka* en el proceso de composición de Bob Dylan llegó a través de Buddy Holly, quien de manera indirecta le enseñó que «puedes tomar influencias de cualquier lugar». La revelación llegó cuando Dylan se enteró de que el estribillo «that'll be the day» era la frase de una película, que Holly había copiado directamente para su éxito de 1957. «Uno puede ir a cualquier parte en su vida cotidiana y mantener los oídos abiertos y escuchar algo —concluyó Dylan—. Si tiene resonancia, se puede usar en una canción».

Además de basarse en la escucha fortuita de fragmentos, la escritura de Dylan se sustenta en una gran variedad de influencias, desde la poesía de los surrealistas y la generación Beat hasta las tradiciones populares, la política y las imágenes que veía a través de las ventanillas del tren. Es famoso por ser un lector voraz, que abarca desde Dickens hasta Gogol, Balzac, Poe, Verne y Byron para informar su obra, tanto lírica como temáticamente, a pesar de afirmar de forma obtusa que «nunca me habían interesado mucho los libros ni los escritores», pero «me gustaban las historias».

Dylan afirma que el trabajo principal al componer temas lo desempeña su inconsciente, donde se une esa gran amalgama de influencias hasta que la canción se crea en principio sola, «como si un fantasma escribiera la canción». Entonces se trata tan solo de anotarla. Aunque esta afirmación hace que el proceso parezca demasiado fácil y más bien mágico, Dylan también reconoce el trabajo que el escritor debe poner de manera consciente en las composiciones, ya sea al buscar las ideas que las inspiran o la mentalidad o el entorno adecuados para permitir que dichas ideas fluyan. Como él mismo afirmó: «La inspiración no invitará a lo que no está allí desde el principio».

David
Hockney

A lo largo de su carrera de seis décadas, David Hockney ha adoptado muchas formas distintas de trabajar y ha hablado a menudo de su afición por probar nuevos enfoques: «Los medios pueden excitarte, pueden emocionarte: siempre te permiten hacer algo de otra manera».

La obra de David Hockney abarca el dibujo, la pintura, el grabado, el collage, la fotografía, las Polaroids, el vídeo, las fotocopias, los faxes y las obras recientes creadas con un iPad. Las limitaciones o posibilidades de cada medio lo obligan a tomar nuevas direcciones: usando el iPad, por ejemplo, Hockney perdió la sensación de trabajar en papel, y sin embargo abrazó el potencial del medio digital para trabajar con el color. Sus collages fotográficos de la década de 1980 fueron una reacción a su aversión hacia las distorsiones producidas por las lentes de gran angular en la fotografía convencional.

Su obra más famosa, *A Bigger Splash*, fue creada en 1967 utilizando acrílicos cuando su fascinación por los reflejos y la cinética del agua lo llevaron a volver al tema una y otra vez. En la serie Paper Pools, creada en 1978, el artista utilizó pasta de papel coloreada y prensada. Este medio inusual lo obligó a simplificar su trabajo y ser más valiente en sus aplicaciones de pintura. A principios de la década de 1980 regresó de nuevo a la piscina, creando collages de fotografías Polaroid, como *Sun on the Pool* y *Los Angeles*, de 1982, que desafiaron la idea de la pintura como forma dominante de expresión artística.

Cuando considera que un medio deja de funcionar, Hockney empieza a buscar algo nuevo. El trabajo del artista siempre ha consistido en explorar, tanto en el estilo como en la técnica y en la elección del tema. Lo que confiere unidad a su obra es una búsqueda gozosa de novedad que le permite volver al mismo tema una y otra vez a través de distintos medios y con nuevos ojos, para generar resultados diversos y bellos.

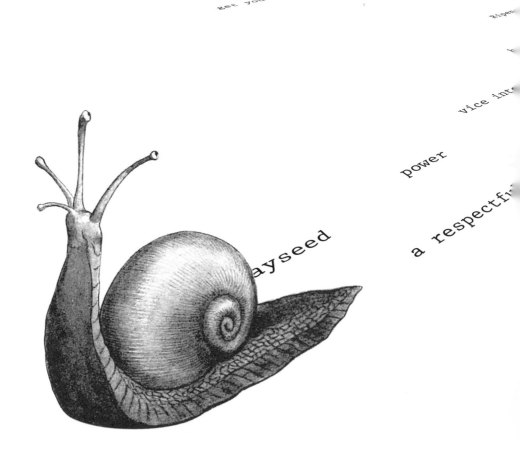

It doesn't make sense

thrust upon them

get you killed   mediocrity   atrocities

Ripen

vice int

power

ayseed

a respectfr

Joseph Heller

Heller era, según él mismo admitió, «un escritor misteriosamente lento». Afirmó que había superado la fecha límite de entrega de *Catch-22* (*Trampa-22*) en cuatro o cinco años. Su razonamiento era que se trataba de su primera novela, por lo que quería hacerlo lo mejor posible. A un nivel más práctico, trabajaba a jornada completa como redactor publicitario, por lo que solo disponía de unas pocas horas después del trabajo cada día para centrarse en su *opera prima*. Sin embargo, incluso cuando pudo dejar su empleo, tardó trece años desde la publicación de *Trampa-22* en completar su segunda novela, *Something Happened* (*Algo pasó*).

Curiosamente, Heller afirmó que las primeras oraciones de *Trampa-22* y *Algo pasó* vinieron solas a su mente, y a partir de ellas empezaron a aparecer otros elementos de las historias; y lo mismo sucedió con las últimas frases. No siempre conservaba aquellas oraciones: por último encontró una línea de inicio mejor para su primera novela; y durante seis años pensó que la última frase de su segundo libro iba a ser «soy una vaca», pero por último la descartó («En su momento pensaba que era buena», repuso). Pero lo importante es que parece ser que necesitaba un punto de partida para poner en marcha sus ideas y un final en mente para dirigirlas hacia su conclusión. Lo que sucedía en medio era un proceso bastante distinto.

La escritura de Joseph Heller era un proceso lento de trabajo riguroso sección a sección. Presentaba una versión más o menos final de cada capítulo a su agente y a su editor cada año. Mientras tanto, tomaba un gran número de notas, guardaba fichas de referencia sobre aspectos de sus personajes, así como sobre el esquema de los capítulos, los puntos de la trama, frases que se le ocurrían, etc. Pasaba unas dos horas al día escribiendo, pero la parte más larga de su proceso (y la razón por la que no cumplía con los plazos) era la revisión: pulir la prosa, contener el humor y reestructurar la trama. «Soy un obsesivo crónico», dijo el escritor, pero todo era para conseguir la perfección.

Lena Dunham

Dicen que a veces la realidad supera a la ficción, y pocos escritores logran fusionar ambas con el efecto que consigue la creadora de *Girls*, Lena Dunham.

Dunham no ha evitado crear personajes, diálogos y argumentos a partir de las personas que la rodean. Su padre lo resumió en «transformar la energía que la vida nos arroja en los lazos del arte», después de advertir que una discusión entre ambos se había convertido rápidamente en un elemento narrativo.

Una vez que Dunham empieza a escribir, describe su proceso como «muy musical», ya que a menudo crea una lista de reproducción con canciones que le hablan del tema en el que se está centrando. A veces, las canciones sobre dichos temas encuentran su lugar en la versión final de las piezas, como cuando «Dancing on My Own» sonó como fondo de la revelación de que el novio de Hannah en *Girls* es gay, y se convirtió en una banda sonora temática durante varios episodios.

El personaje de Shoshanna está en gran medida basado en una de las guionistas de *Girls*, Sarah Heyward: las influencias de la cultura pop de la escritora, su feminidad, la obsesiva creación de listas e incluso su experiencia de perder la virginidad influyeron directamente en la personalidad y las experiencias de su doble en la pantalla. Hannah Horvath, el personaje de Dunham en *Girls*, también suele difuminar las líneas entre la actriz y la ficción. Cuando retrató la recaída de Horvath en el trastorno obsesivo-compulsivo, Dunham recurrió a sus propias experiencias personales con el trastorno y recreó sus propios tics y peculiaridades con oscuros propósitos cómicos. «En realidad utilizamos pequeñas cosas que nos habían sucedido a Lena y a mí. No era solo yo», dijo Heyward.

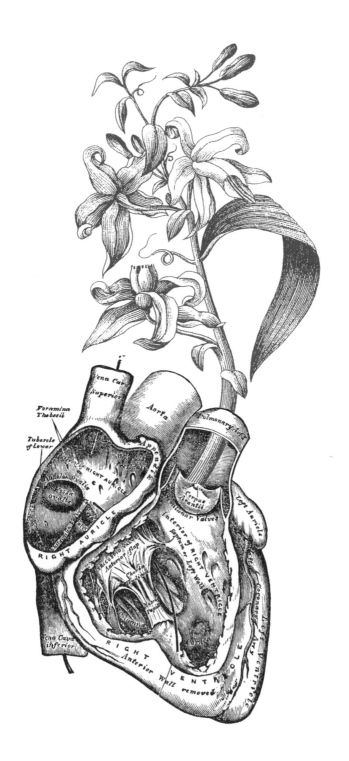

Frida
Kahlo

El trauma y el proceso creativo han sido eternos compañeros de cama, y si hay una artista que demostró la belleza que se puede obtener de la tragedia personal, esa es Frida Kahlo. Sus primeros años estuvieron marcados por la desgracia: la poliomielitis infantil le dejó el pie derecho atrofiado y una cojera, y cuando tenía dieciocho años sufrió un terrible accidente de tráfico que la dejó postrada en la cama durante tres meses. Fue entonces cuando empezó a pintar.

Kahlo utilizaba la pintura para explorar su vida y las catástrofes que la asolaron. Pintó sobre todo naturalezas muertas, autorretratos y retratos de su familia y amigos cercanos, como si el arte fuera algo muy cercano a su propia identidad en lugar de una mercancía creada para un público.

Durante su vida adulta, el amado esposo de Frida Kahlo, Diego Rivera, le era infiel a menudo (más adelante ella también tendría aventuras), y ella sufrió varios abortos. La artista inmortalizó dichos acontecimientos sobre el lienzo, como en su cuadro *Hospital Henry Ford*. Creada después de sufrir un aborto espontáneo, la pieza es una representación gráfica de la soledad y la desesperación, un autorretrato que representa a una mujer desnuda y llorando en un charco de su propia sangre, con múltiples cordones umbilicales que fluyen de sus manos y conducen a objetos misteriosos y surrealistas: un caracol, formas anatómicas, una flor marchita...

Las obras de Kahlo son abiertas y brutales, y en ellas transmutaba su dolor en cosas bellas que conmueven al mundo. No se contuvo al representar su dolor, pero tampoco se recreó inútilmente en ello. Lo que hacía con su pintura era liberarse de ese dolor: en la mitad de la obra posterior a su divorcio, *Las dos Fridas*, la artista se rasga la ropa y el pecho para mostrar un corazón roto.

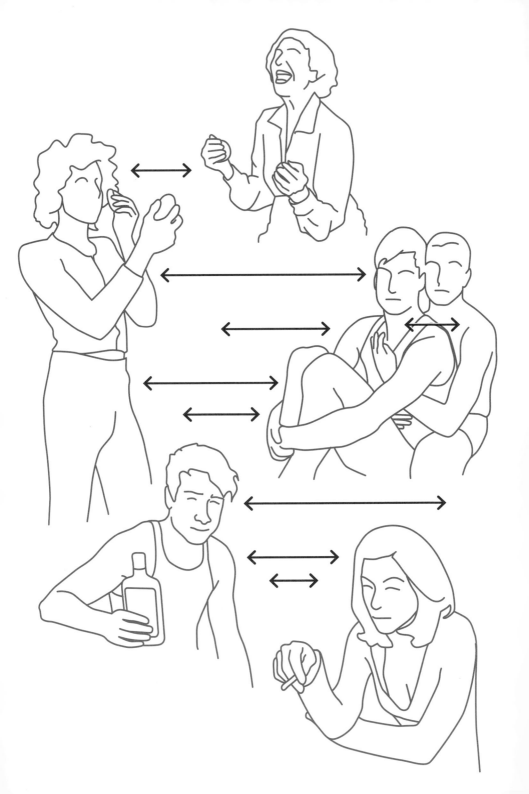

Nan Goldin

La fotografía de Nan Goldin es famosa por sus representaciones brutalmente honestas de la vida, el amor, el sexo y la amistad. Lo que hace que su trabajo sea tan convincente es la forma en que convierte lo privado en público, al mismo tiempo que conserva la sensación de intimidad. Su vida real y las relaciones que la conforman están muy relacionadas con su obra.

La obra más famosa de Goldin, la colección de la década de 1980 *The Ballad of Sexual Dependency*, demuestra su capacidad para tocar las partes más personales de la vida, empezando por su título. En la colección, los rojos, los rosados y los violetas de hematomas, accesorios e interiores nocturnos colorean los buenos y los malos momentos, como invitándonos a sumergirnos en un mundo de recuerdos.

En parte, esta intimidad es el producto de elecciones estilísticas: un enfoque sincero que nos sitúa en el centro de la acción, los colores vívidos que confieren intensidad a cada escena y la iluminación que de alguna forma siempre parece artificial y dura, incluso cuando es natural. Las fotografías se parecen a las instantáneas que la gente común toma y colecciona a lo largo de los años para crear una especie de historia personal. Como dijo Goldin, la gente toma este tipo de fotografías «por amor, y las lleva encima para recordar».

Lo más importante es que la intimidad que Goldin consigue captar es posible solo a través del respeto que siente hacia sus sujetos, la mayoría de los cuales son sus amigos más cercanos o, a veces, sus amantes: «Mi trabajo siempre ha procedido de la empatía y el amor», repuso. Goldin vivía entre las personas a las que fotografiaba: su «tribu» de raros e inadaptados. Nada está construido y nadie posa. Las suyas son imágenes de la vida real. Algunas de sus imágenes más intensas son sus retratos de un grupo de *drag queens* de la década de 1970, y su adoración por ellas se percibe en cada fotografía: «Pensé que eran las personas más hermosas que había conocido en mi vida».

Stephen King

Stephen King es uno de los escritores más prolíficos de los últimos cincuenta años, y se describe a sí mismo en broma como el «equivalente literario de un Big Mac con patatas fritas». Comenzó a enviar historias a revistas con tan solo trece años, y en su tercer año en la universidad ya había terminado cinco novelas. Al alcanzar el éxito, esta intensa rutina de trabajo no mostró signos de disminuir, ya que afirma que escribe todos los días, incluso el día de Navidad.

King cree que cuanto más se escribe, «más entrenado se está para reconocer las pequeñas señales» que podrían convertirse en el germen de una trama. Las buenas ideas para una historia, afirma, parecen proceder «literalmente de la nada», y el trabajo del escritor consiste tan solo en reconocerlas cuando aparecen. La práctica también es necesaria para ejecutar el oficio de manera efectiva. Sostiene que el párrafo, y no la oración, es la «unidad básica» de la escritura, un «instrumento maravilloso y flexible» que se perfecciona solo con horas, días, semanas y años de práctica.

Pero la noción de King de practicar el oficio no implica solo escribir con frecuencia; también es esencial leer tanto como sea posible. A lo largo de su vida, King siempre ha tenido un apetito voraz por las historias, ya sea en forma de películas de terror, poesía, ficción clásica o novelas baratas de las que se leen en el avión. Para él, incluso leer literatura «mala» puede convertirnos en mejores escritores, y, a menudo, leer libros «de escasa calidad» puede enseñar más al aspirante a escritor que los «buenos».

King enfatiza que la buena escritura es el producto del trabajo arduo y el esfuerzo por dominar los elementos que conforman la «caja de herramientas» de un novelista: léxico, gramática y elementos de estilo. ¿Cómo encontrarlos? Solo hay que seguir escribiendo y leyendo; luego, hay que escribir y leer un poco más. Existe algo parecido a una musa, afirma, pero «tú tienes que hacer el trabajo duro».

Tracey Emin

Emin se forjó un nombre a través de una obra profundamente confesional y en ocasiones controvertida. Con independencia de si está trabajando con instalaciones de neón, pintura, tejidos, tinta u objetos encontrados, como su instalación *My Bed*, nominada al premio Turner en 1999, sus piezas suelen basarse en su propia vida.

El poder del trabajo de Emin radica en el hecho de que proviene de un lugar muy honesto al que pocos se atreverían a recurrir: «He estado dibujándome toda la vida», dijo. Así, los títulos de sus obras a menudo parecen fragmentos de un diario: *Sad Shower in New York*, *Mad Tracey From Margate*, *Everyone's Been There* y el autorretrato *Sometimes I Feel Beautiful*.

Su primera exposición individual en el White Cube en 1993, *My Major Retrospective*, fue completamente autobiográfica. Presentó fotografías personales, pinturas antiguas y objetos que a menudo narraban historias desgarradoras de su vida, incluido el paquete de cigarrillos que su tío sostenía en la mano cuando un accidente automovilístico lo decapitó. Del mismo modo, *My Bed* adoptó la forma de una instalación sin restricciones de objetos encontrados en la cama en la que yació durante una semana con ideas suicidas, repleta de ropa interior manchada de sangre, sábanas sucias, condones usados y botellas de vodka. Era su vida transformada en arte y una declaración muy valiente (aunque muy debatida).

Para Emin, ser artista no está relacionado con «crear imágenes», sino con «la esencia y la integridad» con la que se realiza el trabajo. No se trata de belleza, sino de algo que sea verdadero y honesto. Quizás esto hace que uno mismo sea el sujeto más difícil. Si el trabajo de Emin puede parecer autodestructivo, su afirmación es positiva: al principio de su carrera llegó a la conclusión de que «yo era mucho mejor que cualquier cosa que hubiera hecho». Explica: «Me di cuenta de que yo era mi obra, yo era la esencia de mi obra».

Truman
Capote

La obra de Truman Capote de 1966 *In Cold Blood* (*A sangre fría*) fue el resultado de una mente periodística fusionada con la sensibilidad narrativa de un novelista. La historia detalla el cuádruple asesinato de la familia Clutter en Holcomb (Kansas), cometido por Richard Hickock y Perry Smith. Capote afirmó que el libro era una nueva forma de arte literario a la que denominó «novela de no ficción».

Al adoptar métodos periodísticos, Capote enfatizó la importancia de ciertas habilidades de las que los escritores de ficción carecían, como la capacidad para transcribir textualmente largas conversaciones sin notas ni grabaciones —afirmó que se había entrenado para obtener «un 95 % de precisión absoluta»—, un ojo impecable para los detalles visuales y la voluntad de empatizar con personas ajenas a los círculos habituales. *A sangre fría* también fue el producto de una exhaustiva investigación periodística: Capote permaneció durante meses en Kansas para recopilar detalles, y más tarde dijo que sus archivos, recortes, cartas y registros judiciales casi llenarían una habitación pequeña.

Capote negó la idea de que dicha forma literaria revelara una «falta de imaginación», como sugirieron algunos críticos. La elección del material, el ángulo, los detalles en los que se centraba —Capote era abierto acerca de cómo «seleccionaba» y disponía los detalles para aumentar la tensión narrativa y la intriga—; todas estas cosas requerían imaginación. En lugar de narrar los asesinatos y el juicio a través de una lente periodística o biográfica, Capote combinaba eventos de la vida real con sensibilidades literarias y poéticas. Encontró una historia que quería contar, y la explicó de una manera original que forjó un nuevo terreno en la literatura.

$$a_{\mathrm{A}} = \mathbf{9}\!: \frac{\text{\musical}\,\#_{\mathrm{B}}\,\upsilon_{\mathrm{BA}}}{\text{\musical}^{2}{}_{\mathrm{AB}}}$$

$$+\,\frac{4}{2}\,\mathbf{9}\!: \frac{\text{\musical}\,\#_{\mathrm{B}}\,\upsilon_{\mathrm{BA}}}{\text{\musical}^{2}{}_{\mathrm{AB}}}\,\Big[\,\text{\musical}^{2}{}_{\mathrm{A}} + \text{\musical}^{2}{}_{\mathrm{B}} - \text{\musical}$$

$$-\,\text{\musical}\,\mathbf{9}\!: \frac{\text{\musical}\,\#_{\mathrm{B}}}{\text{\musical}_{\mathrm{AB}}} - \mathbf{9}\!: \frac{\text{\musical}\,\#_{\mathrm{B}}}{\text{\musical}_{\mathrm{BC}}}$$

$$+\,\frac{6}{8}\,\mathbf{9}\!: \frac{\text{\musical}\,\#_{\mathrm{B}}}{\text{\musical}^{2}{}_{\mathrm{AB}}}\,\Big[\,\frac{2}{8}{}_{\mathrm{B}}\cdot\big(\text{\musical}_{\mathrm{A}} - \text{\musical}_{\mathrm{B}}\big)\Big]\,\big(\upsilon_{\mathrm{A}}$$

$$+\,\frac{9}{4}\,\mathbf{9}\!: \frac{\text{\musical}\,\#_{\mathrm{B}}\,\text{\musical}}{\text{\musical}_{\mathrm{AB}}} + \mathbf{C}\big(\text{\musical}^{-4}\big)$$

Albert
Einstein

Puede parecer que las sonatas de Mozart están a un millón de kilómetros de distancia de las teorías de Einstein, pero los vínculos entre la música y la ciencia son tan antiguos como las propias disciplinas. La pionera teoría del color de Isaac Newton, por ejemplo, se inspiró en la idea de que el rango del espectro visible era análogo a la escala musical de siete notas, mientras que Pitágoras fue pionero en la expresión de intervalos musicales a través de relaciones matemáticas simples.

Einstein tocaba el piano y el violín desde una edad muy temprana, y desarrolló una particular afición por Mozart y Bach. El día en que la teoría general de la relatividad se demostró correcta, en 1919, lo celebró comprándose un violín nuevo. Mientras que la música era, en parte, un pasatiempo recreativo para Einstein, también le servía para llegar a una idea o a una solución. Cuando se sentía incapaz de resolver un problema en su trabajo como físico, su refugio era la música, y tocar a menudo lo ayudaba a guiar creativamente sus pensamientos en nuevas direcciones.

Percibía vínculos entre la armonía de la música y la del mundo natural y el universo, y a menudo hablaba de pensar en términos de sentimientos y arquitecturas musicales en lugar de símbolos lógicos o ecuaciones matemáticas. «La teoría de la relatividad se me ocurrió por intuición, y la música es la fuerza impulsora que hay detrás de esa intuición», afirmó. Si bien reconocía las relaciones entre los procesos científicos y musicales, abrazó sus diferencias para que un flujo de creatividad pudiera informar al otro.

Por encima de todo, Einstein reconoció el poder de la intuición. Al hablar de sí mismo y de sus métodos de pensamiento, concluyó que «el don de la imaginación ha significado más para mí que cualquier talento para absorber el conocimiento absoluto».

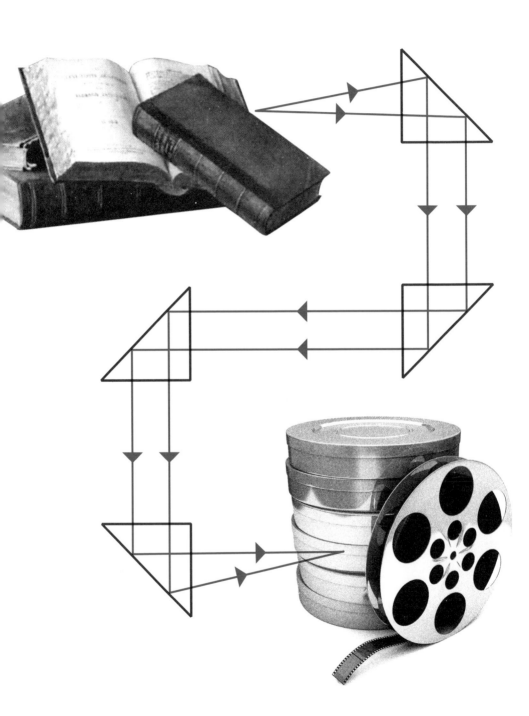

Werner
Herzog

Como parte del famoso curso Rogue Film School de Werner Herzog, el cineasta les dice a sus alumnos que lo más importante que pueden hacer para convertirse en cineastas es «Leer, leer, leer y leer. Y luego leer un poco más».

El director autodidacta tiene ideas sólidas sobre qué es un gran director o documentalista: no es necesariamente aquel que ha asistido a las clases de teoría del cine ni aquel que tiene la mayor capacidad técnica, sino el que tiene una historia auténtica que contar. La mejor manera de aprender cómo narrar una historia es leer libros; y no libros sobre cine, escritura de guiones o montaje, sino libros que cuenten historias. «La gente no lee lo suficiente, y así es como se crea el pensamiento crítico, el pensamiento conceptual. Así se crea una manera de darle forma a la vida», afirma.

Herzog afirma que solo invierte cinco días en escribir un guion, y que si uno pasa más de dos semanas en él, es que «algo anda mal». Para cuando se sienta a plasmar sus ideas sobre el papel (o la pantalla), llega con una historia y una idea casi totalmente formadas, como si las «copiara» de su mente. Para poder hacer esto, afirma que pasa los cuatro o cinco días que preceden al acto de escribir absorto en la lectura de poesía, desde poetas chinos de los siglos VIII y IX hasta antigua poesía islandesa o poetas alemanes como Friedrich Hölderlin. Según Herzog, aunque estos textos no tengan nada que ver con la película que está haciendo, el «frenesí de lenguaje de alto calibre, los conceptos y la belleza» son cruciales para sentar las bases de su propia escritura.

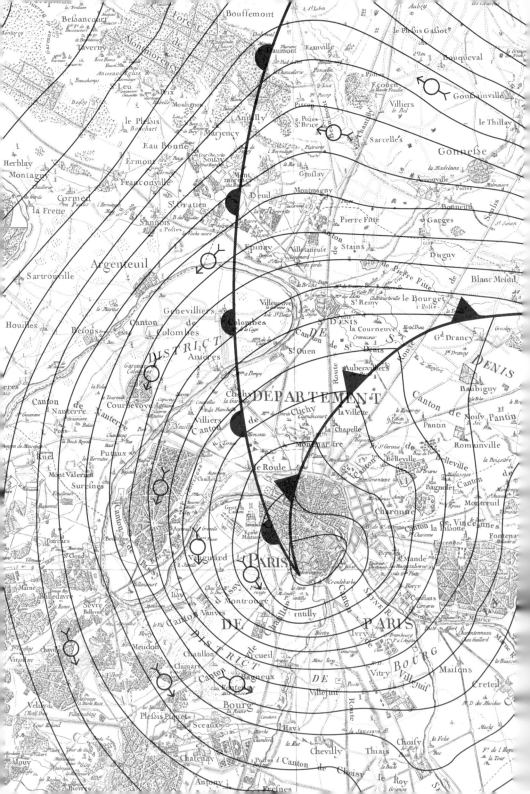

Anaïs
Nin

Las miles de páginas que Anaïs Nin escribió compulsivamente en sus diarios, desde la infancia hasta la muerte, son tan importantes en su obra como sus novelas. Para Nin, el diario era una forma de procesar y reflexionar sobre la vida que vivió con tanta intensidad, una vida enriquecida y confundida por los personajes fascinantes de los que se rodeaba: Henry Miller, Antonin Artaud y Gore Vidal, por nombrar solo algunos.

Aunque las relaciones turbulentas que mantuvo con dichos hombres a menudo le causaban dolor, los diarios de Nin revelan una naturaleza abierta y generosa. A menudo habla de la importancia de «vivir», de cómo la hibernación y el aislamiento son fatales para ella tanto en términos emocionales como para su capacidad de escribir bien. Por el contrario, la escritura tiene el poder de elevar lo que toca: «Escribimos para saborear la vida dos veces, en el momento y en retrospección. Escribimos para poder trascender nuestra vida, para ir más allá».

Para Nin, cualquier cosa fuera del yo es una inspiración potencial: «Todo puede alimentar al escritor», afirma, ya sea un diccionario, una nueva palabra, un viaje, un encuentro, una conversación que se ha escuchado en la calle, un libro o una nueva expresión.

Nin creía que escribir sus diarios le permitía organizar la confusión de la vida y, así, le ayudaba a alcanzar una comprensión más objetiva de esta. La espontaneidad y la honestidad que facilita la escritura en un diario le confirió primero una visión más matizada de su propia identidad, y luego una comprensión más profunda del mundo y de los demás, sentando las bases de sus obras de ficción.

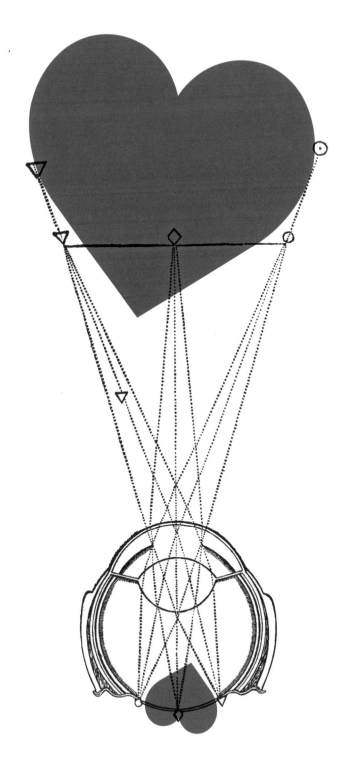

Milton Glaser

El diseñador Milton Glaser se encuentra detrás de algunos de los logotipos, identidades y gráficos más reconocibles de los últimos cincuenta años. Es evidente que Glaser ha tenido ideas geniales, y cree firmemente que el bloqueo creativo no existe. Ser un gran diseñador implica destreza —es un gran defensor de que los diseñadores perfeccionen el arte del dibujo— y aguzar los poderes de observación para garantizar que, como creativos, siempre estemos «viendo» el mundo.

La generación de ideas tiene que ver con establecer conexiones, jugar de forma constructiva y trabajar duro hasta que se crea algo en el papel o en la pantalla que funciona para un proyecto en particular. Sin embargo, Glaser reconoce que las mejores ideas no siempre ocurren cuando intentamos obligarlas a convertirse en realidad. Cuando estaba creando su logotipo de I Love New York (más conocido como «I [corazón] NY»), la idea surgió en el asiento trasero de un taxi. ¿Cómo? Porque está «siempre en un estado receptivo», tal y como él mismo lo describe. «No creo que haya un momento "apropiado" para trabajar». Según dice, muy a menudo, una idea para un proyecto en el que estaba trabajando ayer, o en el que tiene la intención de trabajar mañana, le vendrá cuando esté haciendo algo totalmente distinto.

Ese diseño de 1977 es hoy tan omnipresente como siempre, y Glaser lo atribuye al hecho de que lo hizo desde un lugar de claridad: no era para una agencia o un cliente, sino que se creó como un reflejo sucinto de lo que vio que la gente de la ciudad estaba sintiendo en ese momento.

La verdadera creatividad implica abandonar las ideas preconcebidas sobre lo que estamos viendo, o lo que estamos a punto de ver, y utilizar los poderes de observación en el aquí y el ahora. De lo contrario, afirma, «no se puede ver nada».

117

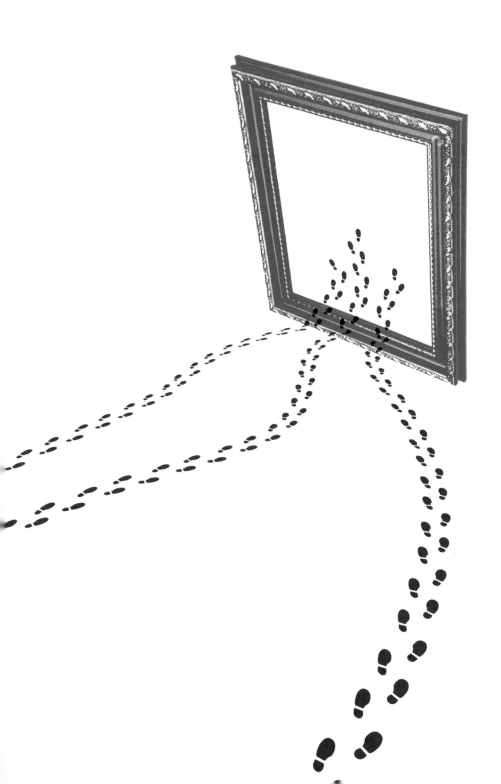

Yoko Ono

La práctica de arte conceptual de Yoko Ono se centra en hacer que el espectador sea un participante activo en lugar de un observador pasivo. Una de sus primeras obras fue *Painting to Be Stepped on* («Pintura para ser pisoteada»), de 1960-1961. Ono colocó un lienzo en el suelo, que se completó solo una vez que los visitantes lo pisaron, dejando sus huellas. *Cut Piece*, creada unos años más tarde, tan solo fue posible gracias a la participación del público. En su *performance*, Ono estaba sentada vistiendo un traje y tenía unas tijeras delante. Invitaba al público a cortar pedazos de su ropa.

Las reacciones a dichas obras no se podían predecir: Ono simplemente creó las instrucciones y el escenario, luego dejó que las reacciones de los demás moldearan los resultados. Al trabajar de esta manera, crea un diálogo inusual y una colaboración con personas a las que quizás nunca conozca: su público es quien completa su trabajo a nivel formal, y así se convierte en el cocreador vital de su arte.

Ono predica la espontaneidad y la resolución de ser positiva. A menudo ha hablado de su época de luto por la pérdida de su esposo John Lennon y de cómo se obligó a mirarse al espejo todos los días y sonreír, incluso cuando parecía imposible. Este impulso y la creencia en el poder de la positividad humana colectiva se revelaron por primera vez en su película de 1968 *Film No. 5 (Smile)*, una película a cámara lenta de Lennon sonriendo, pero han llegado a su esplendor en su proyecto *#smilesfilm*, una obra de arte participativa en línea formada a partir de imágenes enviadas por el público de personas sonrientes de todo el mundo. Sin la intervención de los demás no habría obras de arte.

La confianza de la artista en los demás para realizar sus piezas implica que parte del proceso creativo consiste en dar un paso atrás: «Mi fortaleza reside en no planificar —afirma Ono—. Simplemente dejo que las cosas sucedan».

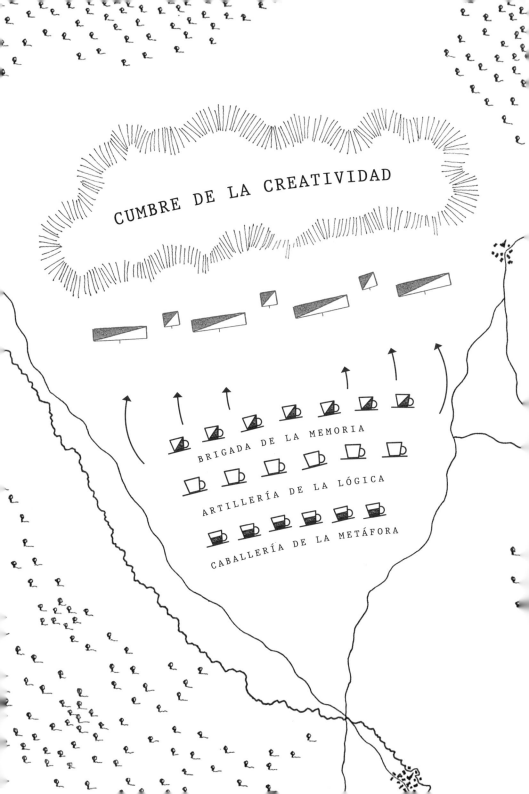

CUMBRE DE LA CREATIVIDAD

BRIGADA DE LA MEMORIA

ARTILLERÍA DE LA LÓGICA

CABALLERÍA DE LA METÁFORA

Honoré de Balzac

Cuenta la leyenda que el novelista y dramaturgo francés Honoré de Balzac consumía el equivalente a cincuenta tazas de café al día, alegando que la cafeína obligaba a sus ideas creativas a «moverse con rapidez» y a que los recuerdos «se duplicaran». Estaba convencido de que «si no fuera por el café, no podría escribir, lo que significa que no podría vivir».

Gracias a los efectos de la cafeína, Balzac era capaz de mantener un horario de trabajo peculiar y probablemente agotador. Tomaba una cena ligera a las 18:00 horas, se acostaba y se levantaba a la 1:00 para trabajar durante siete horas en su escritorio. A las 8:00 horas, dormía una siesta de una hora y media, y luego volvía al trabajo desde las 9:30 hasta las 16:00 horas. El escritor describió esa existencia como «orgías de trabajo puntuadas por orgías de relajación y placer».

En su ensayo de 1839 *Traité des Excitants Modernes* (*Tratado de los excitantes modernos*), Balzac reveló que, además del café solo, también ingería cafeína reduciendo los granos de café a un polvo fino e ingiriendo el polvo seco con el estómago vacío. Esto era suficiente para comenzar un verdadero torbellino de creatividad: «Las ideas se ponen rápidamente en movimiento como batallones de un gran ejército. [...] Los recuerdos se cargan, con sus brillantes banderas en alto; la caballería de la metáfora se despliega con un magnífico galope; la artillería de la lógica se precipita con carros y cartuchos ruidosos; por orden de la imaginación, los francotiradores ven y disparan; las formas y los personajes se alzan; la tinta se extiende sobre el papel».

Si bien el abuso de sustancias tiene una larga historia en los anales de la creatividad, nunca es recomendable. Entre las dolencias que aquejaban a Balzac se encontraban los calambres estomacales, los espasmos faciales, las cefaleas y la presión arterial alta, y murió por insuficiencia cardíaca a los cincuenta y un años.

Rei Kawakubo

Desde su creación en 1969, la marca Comme des Garçons ha disfrutado de un gran éxito comercial y de crítica, y ha ejercido una profunda influencia en el mundo de la moda. Pero la postura de su fundadora, Rei Kawakubo, es del todo contraria a la moda, ya que desafía todas las normas e ideales asociados a la industria y crea prendas con formas sorprendentemente conceptuales, de estética punk y siempre distintas a todo lo que las precedió. La audacia y originalidad de sus diseños son el producto de un propósito creativo de línea dura, impulsado por la búsqueda de la novedad.

En su «manifiesto creativo», publicado en 2013, Kawakubo habla acerca de cómo las fuentes tradicionales de inspiración son en realidad restrictivas, porque solo ofrecen cosas que ya hemos visto antes. Mientras otros buscan la inspiración en museos, galerías, películas, colegas, revistas o personas de la calle, la diseñadora espera «la oportunidad de que algo del todo nuevo nazca dentro de mí».

El proceso de engendrar esa cosa nueva es una de las limitaciones creativas estrictamente autoimpuestas, ya sea crear prendas con solo un cuadrado de tela, la especificidad de la imagen abstracta o el concepto del que parte, o tomar el patrón de una pieza antigua y utilizarlo de una manera inesperada. «Pienso en un mundo que contiene solo las posibilidades más pequeñas y limitadas —afirma—; nada nuevo puede provenir de una situación que implica ser libre o que no suponga sufrimiento».

Pocos diseñadores son tan difíciles de etiquetar como Kawakubo, pero si sigue un proceso, este consiste en eliminar todas las nociones tradicionales sobre la moda y trabajar «en el vacío», hasta el punto más extremo. Cuando creó su colección de primavera-verano de 2014, por ejemplo, comentó lo siguiente: «Traté de pensar, sentir y ver como si no estuviera haciendo ropa».

Walter Gropius

Mientras que para muchos artistas la vida imita al arte (y viceversa), uno de los principios clave para el arquitecto Walter Gropius y la escuela Bauhaus que fundó era que el arte debe integrarse en todos los aspectos de la vida. Sus diseños se moldeaban a partir de la creencia de que, sea lo que sea lo que nos rodea, ya sean edificios, muebles o artículos para el hogar, todo puede basarse en el arte y en la practicidad al mismo tiempo.

Gropius creía que la belleza y la calidad deberían ser principios básicos en todos los hogares, no solo los de las clases altas. Su defensa de que «la forma sigue a la función» nació de una visión igualitaria del minimalismo en la que la decoración innecesaria era una señal de ostentación frívola y antidemocrática. Con la nueva era de la producción en serie, Gropius vio que el arte podía ponerse a disposición de todo el mundo, desde los edificios en los que la gente trabajaba hasta los tiradores de sus armarios. Trató de crear un nuevo tipo de diseño «moderno» basado en la idea de que la creatividad debería hacer avanzar las cosas, no hacer referencia al pasado, y, por tanto, las nuevas tecnologías y los materiales que se habían vuelto accesibles, como el vidrio y el acero, se convirtieron en elementos clave de su estética.

Sus diseños se centraban sobre todo en la resolución de problemas: respondían a los asuntos más relevantes de su época a través del arte y el diseño, y adoptaban los últimos avances tecnológicos para aprovechar su potencial. De esta manera, se convirtió en el precursor de muchos de los diseñadores actuales, que se focalizan cada vez más en cuestiones como la sostenibilidad o la maximización del espacio cada vez más reducido que tenemos en las ciudades.

La imaginación

es más importante que el conocimiento.